Edizione 1. - Settembre, 2018

IL GDPR E' UN GIOCO DA RAGAZZI di Nicola Borrelli

Nota per il lettore

Questa pubblicazione contiene le opinioni e le idee dell'autore. Lo scopo è quello di fornire materiale di supporto e di aiuto per tutti i lettori interessati ad approfondire il nuovo Regolamento in materia di protezione dei dati personali (GDPR).

Le informazioni e le strategie riportate in questi libro potrebbero non essere indicate o appropriate per ogni situazione o tipologia di impresa/ente.

E' sottinteso, e qualora non lo fosse lo si ribadisce in questa sede, che l'autore non è un esperto in materia legale. In caso di dubbi è consigliata la consulenza specifica di un professionista.

Vista la natura dinamica e mutevole degli argomenti, nessuna garanzia può essere data su l'accuratezza o la completezza delle informazioni. L'autore è esente da qualsiasi responsabilità, conseguenza diretta o indiretta, danno morale, danno materiale e perdita di qualsiasi natura ed entità, derivanti dall'applicazione delle informazioni riportate.

L'AUTORE

Nicola Borrelli, classe '78, Operation Manager esperto di analisi e ottimizzazione di processi organizzativi e produttivi, appassionato di tecnologia, lean manufacturing e industria 4.0.

Laureato in Ingegneria Aerospaziale presso l'Università degli Studi di Napoli "Federico II", nel corso della sua carriera ha avuto la fortuna di collaborare con solide PMI in qualità di Responsabile di Stabilimento, Responsabile Qualità, Project Manager, Operation Manager e, recentemente, Operational Excellence.

Blog www.bleble.it

Gruppo Facebook Operation Manager e Operational Excellence - Il primo gruppo italiano https://www.facebook.com/groups/1948943628755515/about/

PREFAZIONE

Se hai acquistato questo eBook, hai già sicuramente sentito parlare di GDPR. Forse sei un professionista del settore informatico, forse sei un dipendente di una pubblica amministrazione o un manager di una gloriosa PMI. Sicuramente hai ricevuto decine di newsletter e probabilmente, incuriosito, hai svolto qualche ricerca online. Ma di cosa stiamo parlando?

Stiamo parlando di uno degli atti più rivoluzionari e incisivi in materia di protezione dei dati personali realizzato negli ultimi vent'anni. Un fenomeno diventato addirittura virale, gruppi Facebook e LinkedIn, milioni di #gdpr tweet, finanche playlist su Spotify.

GDPR é l'acronimo di **General Data Protection Regulation,** il Regolamento UE 2016/679 in materia di dati personali, entrato in vigore il 24 maggio 2016 e operativo dal 25 maggio 2018. Abroga la ventennale Direttiva 95/46/CE ed affianca la normativa nazionale in materia di privacy contenuta nel D.lgs. 196/2003.

Un quadro giuridico armonizzato che garantisce l'applicazione uniforme di regole univoche su tutto il territorio dell'Unione Europea (28 i paesi coinvolti), al fine di sviluppare il mercato unico e rafforzare la protezione dei diritti degli interessati.

Ventotto i paesi coinvolti, chiamati ad adeguarsi ad una serie di regole univoche rivolte a tutti coloro che tratteranno i dati personali dei cittadini europei.

Il GDPR si applica sia alle aziende private che alle pubbliche amministrazioni. Operando professionalmente in ambito privato è questo ultimo il perimetro entro cui ci muoveremo.

Nel corso della mia attività di Operational Excellence, ho avvertito l'esigenza di approfondire il tema GDPR. Ho elaborato e collezionato una serie di modelli e articoli che sono felice di mettere a vostra disposizione.

L'ebook si articola in due sezioni. La prima sezione tratta l'introduzione e l'approfondimento di alcune delle tematiche che ritengo di maggiore interesse. La seconda sezione è probabilmente il motivo per cui hai acquistato il libro, contiene una serie di modelli che sono sicuro ti saranno utili.

Grazie per l'acquisto e buona lettura!

PREFAZIONE..6

PRIMA PARTE..11

GDPR UE 2016/679 12

    Finalità 18

    Entrata in vigore..18

    Primo effetto 18

    Nozioni 19

    Nuovi principi 19

    I nuovi dati sensibili 20

    Profilazione 20

    Le principali novità 21

    Nuovi obblighi e responsabilità 21

    Privacy by design e by default (art. 25) 22

    Data breach (artt. 33 e 34) 23

    Valutazione d'impatto sulla protezione dei dati (art. 35) 25

    Registro delle attività di trattamento (Art. 30) 26

    Sanzioni 26

    Diritti dell'interessato 28

Focus sugli obblighi delle PMI al di sotto dei 250 dipendenti 29

I modelli di riferimento e Risk management.................33

Organigramma privacy e descrizione dei principali attori.........37

Il ruolo del DPO - quando e chi nominare...................46

Il registro dei trattamenti - risorse free.......................49

La valutazione di impatto sulla protezione dei dati (DPIA) -

Software free...53

HR: per quanto tempo conservare i dati? 55

Trasferimento dei dati fuori dall'Unione Europea **59**

La Privacy e il Cloud.................**62**

SECONDA PARTE **64**

Curriculum Vitae ed e-mail.................**65**

Come modificare il Curriculum Vitae.................66

Formula in calce alle e-mail.................69

Nomine.................**72**

Modello Designazione DPO 73

Modello nomina RESPONSABILE ESTERNO del trattamento.................80

Modello nomina RESPONSABILE GENERALE del trattamento.................89

Modello nomina RESPONSABILE PARTICOLARE del trattamento.................97

Modello nomina SOGGETTO AUTORIZZATO al trattamento.................106

AGENTI COMMERCIALI - Modello nomina responsabile esterno del trattamento.................110

Modello nomina medico competente quale responsabile del trattamento.. 118

Modello nomina del Custode delle copie delle credenziali.................122

Informative **126**

Informativa dipendenti.................127

Informativa Fornitori.................141

Informativa Clienti potenziali (Marketing) 148

Informativa per sistemi di video sorveglianza.................150

Informativa Agenti.................152

Sito web aziendale **160**

Modello Policy Sito Web.................161

Modello Policy "Lavora con noi".................171

Modello Informativa Cookie 180

Istruzioni **190**

Istruzione agli autorizzati..191

Istruzioni ai Responsabili di area...............................200

Istruzioni per gli agenti...204

Istruzioni ai Prestatori di servizi...............................208

Le regole aziendali per l'utilizzo dei sistemi informatici.....211

Check list..**226**

Adeguamento al nuovo regolamento privacy 227

Registro dei trattamenti del titolare.........................230

Cyber Security...236

Conclusioni..**238**

PRIMA PARTE

GDPR UE 2016/679

GDPR é l'acronimo di **General Data Protection Regulation,** il Regolamento UE 2016/679 in materia di dati personali, entrato in vigore il 24 maggio 2016 e operativo dal 25 maggio 2018. Abroga la ventennale Direttiva 95/46/CE ed affianca la normativa nazionale in materia di privacy contenuta nel D.lgs. 196/2003.

L'obiettivo del nuovo Regolamento Privacy è quello di creare un quadro giuridico armonizzato e garantire l'applicazione uniforme delle regole in materia di trattamento dei dati personali su tutto il territorio dell'Unione Europea, rafforzando la protezione dei diritti degli interessati e contribuendo allo sviluppo del mercato unico europeo.

Il legislatore ha ravvisato la necessità di introdurre regole più chiare in merito alla informativa e al consenso stabilendo precisi limiti al al trattamento automatizzato dei dati alla relativa violazione ed all'interscambio degli stessi al di fuori della Comunità Europea.

Il GDPR rappresenta quindi una rivoluzione copernicana nel sistema di gestione della privacy, stravolgendo l'approccio precedente: quello che conta non è più la predisposizione di alcuni documenti ma l'intero processo di gestione della privacy.

Lo sforzo richiesto alle aziende e alle pubbliche amministrazioni non è cosa da poco, non è più sufficiente fare l'analisi una sola volta, predisporre i documenti per poi lasciare che tutto scorra. E' indispensabile impostare una procedura di gestione che deve essere costantemente monitorata e verificata in un'ottica di miglioramento continuo.

Ciò nonostante, i vantaggi di avere una normativa unica in Europa sono enormi. Si pensi ad esempio ad una società che opera in Francia i cui prodotti/servizi sono venduti, magari online, anche in Spagna o in Germania. In assenza di una normativa unica, la società avrebbe dovuto compiere un grande sforzo nel tentativo di rispettare le leggi sulla privacy vigenti nei mercati di riferimento.

La gestione della privacy diventa quindi, finalmente, un processo aziendale.

Tra i principi introdotti dal regolamento, una grande novità è costituita dal principio della "responsabilizzazione" (accoutability) dei datori di lavoro, ossia dall'adozione di comportamenti pro-attivi, volti a dimostrare la concreta adozione di misure necessarie ad assicurare l'applicazione del regolamento.

In altri termini, viene affidato ai datori di lavoro il compito di decidere autonomamente le modalità, le garanzie e i limiti del trattamento dei dati personali all'interno della propria azienda.

I titolari di aziende, a prescindere dalle dimensioni numeriche e/o di fatturato, dovranno effettuare un dettagliato censimento dei trattamenti in essere e compilare un apposito registro.

Seguirà l'indispensabile valutazione dei rischi, in base alla quale costruire il modello di gestione della privacy, applicando un altro principio cardine innovativo che può essere sintetizzato dall'espressione inglese "data protection by default and by design".

Il trattamento dei dati personali dovrà essere configurato prevedendo fin dall'inizio le garanzie indispensabili "a soddisfare i requisiti" del regolamento e a tutelare i diritti degli interessati, tenendo conto del contesto complessivo ove il trattamento si colloca e dei rischi per i diritti e le libertà degli interessati.

Tutto questo deve avvenire a monte, prima di procedere al trattamento dei dati vero e proprio, e richiede, pertanto, un'analisi preventiva e un impegno applicativo da parte dei titolari, che deve sostanziarsi in una serie di attività specifiche e dimostrabili.

Cerchiamo di capire meglio cosa si intende per "dato personale" e suo "trattamento". La definizione presente nell'articolo 4 del GDPR stabilisce l'oggetto del regolamento:

«dato personale»: qualsiasi informazione riguardante una persona fisica identificata o identificabile («interessato»); si considera identificabile la persona fisica che può essere identificata, direttamente o indirettamente, con particolare riferimento a un identificativo come il nome, un numero di identificazione, dati relativi all'ubicazione, un identificativo online o a uno o più elementi caratteristici della sua identità fisica, fisiologica, genetica, psichica, economica, culturale o sociale;

«trattamento»: qualsiasi operazione o insieme di operazioni, compiute con o senza l'ausilio di processi automatizzati e applicate a dati personali o insiemi di dati personali, come la raccolta, la registrazione, l'organizzazione, la strutturazione, la conservazione, l'adattamento o la modifica, l'estrazione, la

consultazione, l'uso, la comunicazione mediante trasmissione, diffusione o qualsiasi altra forma di messa a disposizione, il raffronto o l'interconnessione, la limitazione, la cancellazione o la distruzione;

Il consenso ad un certo trattamento, che sino ad oggi poteva anche essere tacito, diventa obbligatoriamente esplicito. E' data facoltà al cittadino di verificare in ogni istante come viene applicato il consenso per eventualmente revocarlo in modo semplice.

E' inoltre introdotto in modo chiaro il diritto all'oblio, cioè la cancellazione dei propri dati personali da parte di un titolare del trattamento qualora ad esempio cessino i motivi per cui si era dato il consenso.

Se ne pongono dei limiti di applicazione e si obbliga il titolare del trattamento ad agire tempestivamente perché l'informazione sia rimossa ovunque venga trattata.

Una particolare attenzione viene data al trasferimento dei dati al di fuori dell'Unione Europea dove dovrà essere accuratamente valutata l'adeguatezza rispetto alla tutela dei dati della controparte e in caso di insufficienza si potranno richiedere opportune garanzie ed il cittadino dovrà esplicitamente dare il proprio consenso ad ogni forma di trasferimento.

La violazione dei dati personali (data breach) non potrà essere una problematica solamente aziendale ma richiederà maggiore informazione verso l'interessato e una comunicazione tempestiva ed obbligatoria verso l'autorità nazionale per la protezione dati.

Per le aziende, di qualsiasi ordine e grado, cambia radicalmente la visione generale che passa da un censimento dei trattamenti effettuati relativi alla privacy ad un vero e proprio Sistema Rischi dove, con le medesime metodologie messe in campo per il trattamento, ad esempio dei rischi finanziari od operativi, si riportano gli elementi della privacy ad elementi di rischio per il quale si devono fare attente misurazioni, mettere in atto politiche di riduzione del rischio, pianificare i costi che vanno ad impattare sul conto economico dell'impresa.

FINALITÀ

Il GDPR persegue due obiettivi:

• Da un lato, adeguare la normativa, ormai risalente al 1995, alle nuove tecnologie;

• Dall'altro, armonizzare ed uniformare la normativa stessa a livello europeo, creando un quadro normativo comune.

ENTRATA IN VIGORE

Il regolamento generale è entrato in vigore il 24 maggio 2016 e divenuto applicabile a partire dal 25 maggio 2018, dopo un periodo di transizione di due anni.

PRIMO EFFETTO

Il GDPR abroga la precedente normativa in materia, ossia la Direttiva 95/46/CE del 24 ottobre 1995, "relativa alla tutela delle persone fisiche con riguardo al trattamento dei dati personali, nonché alla libera circolazione di tali dati".

NOZIONI

Dato personale: si intende qualsiasi dato che consente di inquadrare una determinata persona fisica.

Interessato: solo le persone fisiche nessuna persona giuridica.

Titolare: è la persona fisica o giuridica, la pubblica amministrazione o qualsiasi altro ente, associazione od organismo cui competono le scelte di fondo sulle finalità e sulle modalità del trattamento dei dati, anche per ciò che riguarda la sicurezza

Responsabile: tratta i dati attenendosi alle istruzioni del titolare, e assume responsabilità proprie e ne risponde alle autorità di controllo e alla magistratura

NUOVI PRINCIPI

Accontability: tale principio si compone di tre elementi:

• Il primo è indubbiamente ricollegabile al principio di "trasparenza" inteso come garanzia della completa accessibilità alle informazioni, dei cittadini in quanto utenti del servizio.

• Il secondo elemento è la "responsività" intesa come la capacità del titolare di rendere conto di scelte, comportamenti e azioni e di rispondere alle questioni poste dagli stakeholder.

• Il terzo elemento è riconducibile alla compliance, intesa come capacità di far rispettare le norme, sia nel senso di finalizzare l'azione pubblica all'obiettivo stabilito nelle leggi, che nel senso di fare osservare le regole di comportamento degli operatori.

I NUOVI DATI SENSIBILI

Sono i dati personali che rivelino la razza, l'origine etnica, le opinioni politiche, la religione o le convinzioni personali, l'appartenenza sindacale, come pure i dati genetici o dati relativi alla salute e alla vita sessuale o a condanne penali o a connesse misure di sicurezza.

PROFILAZIONE

Qualsiasi forma di trattamento automatizzato di dati personali consistente nell'utilizzo di tali dati personali per valutare determinati aspetti personali relativi a una persona fisica, in particolare per analizzare o prevedere aspetti riguardanti il rendimento professionale, la situazione economica, la salute, le preferenze personali, gli interessi, l'affidabilità, il comportamento, l'ubicazione o gli spostamenti di detta persona fisica.

LE PRINCIPALI NOVITÀ

Ambito di applicazione territoriale:

• La Direttiva 95/46 prevede che il trattamento del dato personale sia effettuato da soggetto stabilito nell'UE

• Il Regolamento 679/2016 stabilisce, invece, che si fa riferimento a Titolari e Responsabili non stabiliti nell'UE, purché le persone fisiche siano stabilite nell'UE.

NUOVI OBBLIGHI E RESPONSABILITÀ

Il nuovo Regolamento accresce gli obblighi di trasparenza, dedicando agli stessi la Sezione I del Capo III (artt. 5 e 12) e con riferimento alle modalità di trattamento dei dati, richiede che le informazioni all'interessato:

• Siano rese con un linguaggio semplice e chiaro, soprattutto nel caso di minori, per i quali è dettata un'apposita disciplina;

• Abbiano sempre forma scritta, l'informativa in forma orale essendo ammessa solo quando ciò è richiesto dall'interessato e l'identità di questi possa essere provata con altri mezzi;

Prevedano:

• Il periodo di conservazione dei dati personali,

• Il diritto di proporre reclamo ad un'autorità di controllo,

• L'intenzione del titolare di trasferire dati personali ad un Paese terzo.

PRIVACY BY DESIGN E BY DEFAULT (ART. 25)

La privacy by design richiede che il titolare adotti e attui misure tecniche e organizzative sin dal momento della progettazione oltre che nell'esecuzione del trattamento, che tutelino i principi di protezione dei dati;

La privacy by default presuppone, invece, nella modalità operativa del trattamento, misure e tecniche che, per impostazione predefinita, garantiscano l'utilizzo dei soli dati personali necessari per ciascuna specifica finalità di trattamento.

DATA BREACH (ARTT. 33 E 34)

Attualmente solo i "fornitori di servizi di comunicazione elettronica accessibili al pubblico" hanno l'obbligo di comunicare l'avvenuta violazione dei dati personali:

- Al Garante per la protezione dei dati personali;

- In determinati casi anche al contraente cliente.

Il nuovo Regolamento estende tale obbligo di comunicazione a tutti i Titolari e Responsabili, quali che siano i trattamenti posti in essere.

Nello specifico, il Responsabile deve informare il Titolare senza ingiustificato ritardo della violazione e quest'ultimo deve notificare la violazione, a sua volta senza ingiustificato ritardo, al Garante e, ove possibile, entro 72 ore dal momento in cui ne è venuto a conoscenza, a meno che sia improbabile che la suesposta violazione presenti un rischio per i diritti e le libertà delle persone.

È previsto inoltre anche l'obbligo di notificazione all'interessato.

La finalità della norma è quella di consentire al Garante di attivarsi senza ritardo in modo da valutare la gravità della violazione.

È bene notare che mentre per la notifica all'autorità di controllo è necessario "si richiede un rischio per le libertà e per i diritti dell'individuo", per la notifica all'interessato occorre che il rischio sia "elevato".

Dunque in questo caso è richiesta una soglia di pericolo maggiore.

VALUTAZIONE D'IMPATTO SULLA PROTEZIONE DEI DATI (ART. 35)

Quando un trattamento può presentare un rischio elevato per i diritti e libertà delle persone fisiche, il Titolare deve effettuare una valutazione d'impatto sulla protezione dei dati.

La valutazione è richiesta in particolari casi:

- Valutazione sistematica e globale di aspetti personali relativi a persone fisiche basato su un trattamento automatizzato;

- Trattamento su larga scala di dati sensibili e giudiziari;

- Sorveglianza su larga scala di zona accessibile al pubblico.

REGISTRO DELLE ATTIVITÀ DI TRATTAMENTO (ART. 30)

Il responsabile e il Titolare devono tenere un registro delle attività di trattamento in forma scritta, anche in formato elettronico, contenente gli elementi di cui all'art. 30 del Nuovo Regolamento.

L'obbligo di tenute dei suesposti registri non s'applica tuttavia in linea di principio alle imprese o organizzazioni con meno di 250 dipendenti (con limitate eccezioni).

SANZIONI

Sebbene le sanzioni previste nel regolamento siano di importi molti elevati fino al 20 milioni di euro o il 4% del fattura mondiale annuale, il principio generale è che una violazione del regolamento dovrà comportare una imposizione di sanzioni equivalente in tutti gli Stati membri.

Il Garante potrà anche corrispondere una mera diffida amministrativa in alternativa alla sanzione pecuniaria (*reprimand* nella versione inglese), ma dall'altra parte, tenendo conto delle circostanze specifiche una violazione dei dati anziché comportare la pena fino a 10 mln di euro, sanzione relativa anche all'inosservanza della disciplina rivolta al Data Protection Officer, potrebbe anche comportare una sanzione pecuniaria superiore se dovessero ricorrere delle circostanze di maggiore gravità ed inosservanza delle prescrizioni dell'Autorità di controllo.

DIRITTI DELL'INTERESSATO

Portabilità dei dati (art. 20):

- L'interessato ha diritto di ricevere in un formato strutturato di uso comune leggibile da dispositivo automatico i dati che lo riguardano forniti al Titolare.

- Trasmettere i propri dati da un Titolare ad un altro Titolare, senza impedimenti da parte di colui al quale sono stati forniti in precedenza

Diritto all'oblio (art.17)

L'interessato ha diritto di chiedere che siano cancellati e non più sottoposti a trattamento i suoi dati personali:

- Quando gli stessi non sono più utili per le finalità per le quali sono state raccolti;

- Quando abbia ritirato il consenso

FOCUS SUGLI OBBLIGHI DELLE PMI AL DI SOTTO DEI 250 DIPENDENTI

Il nuovo regolamento Privacy, GDPR, introduce il Registro dei Trattamenti come strumento per tenere sotto controllo le operazioni di trattamento dei dati che vengono effettuate all'interno delle Organizzazioni.

Le PMI al di sotto dei 250 dipendenti, senza alcuna distinzione di fatturato, non sono obbligate a tenere il registro delle attività ma devono sempre rispettare le seguenti 5 regole sulla protezione dei dati :

1. **Valutare l'uso di Crittografia e Psedomizzazione.** Occorre rendere difficile il collegamento dei dati, mascherando questi ultimi mediante uno pseudonimo. Quando le informazioni personali che contengono elementi identificativi (nome, data di nascita, indirizzo ecc) vengono "pseudonimizzate", gli elementi identificativi sono sostituiti da uno pseudonimo, che si ottiene, per esempio, crittografando gli elementi identificativi contenuti nei dati personali. Bisogna distinguere il dato pseudonimo dal dato

anonimo in quanto i dati sono "anonimizzati" quando non contengono più alcun mezzo identificativo, mentre sono "pseudonimizzati" se i mezzi identificativi sono criptati. Attenzione, il regolamento non impone sempre e comunque l'uso della crittografia ma obbliga a valutare caso per caso quelli che possono essere i rischi inerenti a quello specifico trattamento e attuare, di conseguenza, misure per limitare tali rischi.

2. **Assicurare i requisiti generici di sicurezza.** Garantire quindi, su base permanente, i requisiti di Riservatezza (ovvero la protezione dei dati trasmessi o conservati per evitarne l'intercettazione e la lettura da parte di persone non autorizzate), Integrità (come conferma che i dati trasmessi, ricevuti o conservati siano completi e inalterati), Disponibilità (come conferma che i dati siano accessibili e i servizi funzionino anche in caso di interruzioni dovute a eventi eccezionali o ad attacchi di pirateria informatica) e di Resilienza (come capacità di reazione di un sistema a fronte di un evento che metta a rischio la sicurezza delle informazioni e dei dati trattati) dei sistemi e dei servizi di trattamento.

3. **Assicurare la continuità del servizio.** Occorre dimostrare la capacità di ripristinare tempestivamente la disponibilità e l'accesso dei dati personali in caso di incidente fisico o tecnico.

4. **Elaborare efficaci procedure** per testare, verificare e valutare regolarmente l'efficacia delle misure tecniche e organizzative al fine di garantire la sicurezza del trattamento.

5. **Fare attenzione ai rischi** legati alla distruzione, perdita, modifica, divulgazione non autorizzata o all'accesso, in modo accidentale o illegale, a dati personali trasmessi, conservati o comunque trattati.

Da amante del rischio (inteso come sua valutazione e gestione), desidero trattare ulteriormente l'ultimo punto.

Qualsiasi analisi NON può prescindere dalla valutazione dei rischi!

E' importante comprendere il cambiamento di approccio, il regolamento pone con forza l'accento sulla "responsabilizzazione" di titolari e responsabili — ossia, sull'adozione di comportamenti pro-attivi e tali da dimostrare la concreta adozione di misure finalizzate ad assicurare l'applicazione del regolamento. I titolari potranno decidere autonomamente le modalità del trattamento dei dati ma a patto che siano compatibili con la valutazione dei rischi svolta a monte, prima quindi di procedere al trattamento vero e proprio.

Il rischio inerente al trattamento è da intendersi come rischio di impatti negativi sulle libertà e i diritti degli interessati, tali impatti dovranno quindi essere opportunamente analizzati attraverso idonei processi di valutazione.

I MODELLI DI RIFERIMENTO E RISK MANAGEMENT

Il modello che permette di trattare correttamente la gestione delle problematiche privacy nasce da modelli già esistenti e normati.

Faccio particolare riferimento alla normativa UNI EN ISO 9001 che definisce i requisiti di un sistema di gestione della qualità. Le metodologie e i requisiti previsti devono essere applicati a tutti i processi aziendali, dalla Produzione all'Area commerciale, dagli Acquisti alla Direzione Generale.

Ogni processo deve essere analizzato e quindi censito attraverso apposita documentazione (ad esempio il manuale di qualità, l'elenco delle procedure, le istruzioni operative ecc.)

Oggi sono moltissime le aziende dotate di un Sistema di Qualità conforme alla normativa UNI EN ISO 9001, partendo dalla stessa metodologia, sono favorite nell'affrontare le metodologie necessarie per definire il proprio Sistema Privacy.

Un ulteriore modello normativo sul quale i legislatori hanno basato la visione del GDPR è la ISO 31000, standard internazionale in cui si tratta in modo preciso il concetto di Rischio, definito come:

"la potenzialità che un'azione o un'attività scelta (includendo la scelta di non agire) porti a una perdita o ad un evento indesiderabile. La nozione implica che una scelta influenzi il risultato. Le stesse perdite potenziali possono anche essere chiamate "rischi". Sebbene ogni comportamento umano sia rischioso alcuni hanno una percentuale di rischio maggiore"

Per "rischio" possiamo indicare anche la distribuzione dei possibili scostamenti dai risultati attesi per effetto di eventi di incerta manifestazione, interni o esterni ad un sistema. In questa definizione, il rischio non ha solo un'accezione negativa (downside risk), ma anche una positiva (upside risk). Esso è definito dal prodotto della frequenza di accadimento e della gravità delle conseguenze (magnitudo).

Le politiche di prevenzione e mitigazione del Rischio vengono normalmente applicate a macro-fenomeni, con l'introduzione del GDPR si è fortemente voluto che anche il trattamento delle attività legate alla Privacy ricadesse fra gli eventi di Rischio e pertanto risulta compatibile con procedure, metodi, sistemi di controllo derivanti dall'applicazione della ISO 31000.

Ogni elemento di Privacy deve essere quindi misurato dal punto di vista della probabilità di accadimento dei rischi connessi partendo comunque dal principio che, trattandosi di un rischio possibile, non si potranno mai realizzare processi atti ad eliminarlo completamente ma solamente a renderne minima la probabilità di accadimento.

Quindi si parlerà spesso di Non Conformità quando non vengono prese opportune decisioni in merito al trattamento del Rischio e tutto il sistema dovrà essere incentrato sulle politiche di mitigazione del Rischio.

Dal momento che una buona parte degli strumenti utilizzati per il trattamento del dato personale sono di carattere tecnologico/informatico risulta che un altro standard europeo diventa un'importante base per l'approccio al Sistema Privacy.

Si tratta della ISO/IEC 27001:2005 (Tecnologia delle informazioni - Tecniche di sicurezza - Sistemi di gestione della sicurezza delle informazioni - Requisiti) che definisce i requisiti per impostare e gestire un Sistema di

Gestione della Sicurezza delle Informazioni includendo aspetti relativi alla sicurezza logica, fisica ed organizzativa.

Gli standard citati sono la base sulla quale ci si deve avventurare per affrontare la gestione della Privacy.

Non più una visione a sé stante ma un sistema Rischio che si cala su di un sistema Qualità.

Ne consegue che le aziende che già hanno affrontato in modo sistematico queste problematiche si trovano avvantaggiate nel mettere in atto ciò che viene richiesto dal GDPR.

ORGANIGRAMMA PRIVACY E DESCRIZIONE DEI PRINCIPALI ATTORI

Le figure privacy chiave disciplinate dal GDPR sono il Titolare (e i con-titolari), il Responsabile (e sub-responsabili), il DPO e gli Autorizzati (gli incaricati del vecchio dlgs 196).

IL TITOLARE

Il titolare del trattamento è la persona fisica o giuridica, l'autorità pubblica, il servizio o altro organismo che, singolarmente o insieme ad altri, determina le finalità e i mezzi del trattamento di dati personali.

Il titolare ha autonomia decisionale in merito alle modalità di trattamento dei dati ed ha i seguenti obblighi:

- mettere in atto misure tecniche e organizzative adeguate per garantire che siano trattati solo i dati personali necessari per ogni specifica finalità del trattamento;

- adottare politiche interne conformi al Regolamento;

- essere in grado di dimostrare che il trattamento è conforme al Regolamento (principio dell'accountability);

- essere in grado di dimostrare di avere adottato misure (organizzative e tecniche) adeguate ed efficaci per la protezione dei dati personali.

IL RESPONSABILE

Il responsabile del trattamento è la persona fisica o giuridica, l'autorità pubblica, il servizio o altro organismo che tratta dati personali per conto del titolare del trattamento.

E' designato dal titolare con un contratto o con altro atto giudico che deve necessariamente disciplinare:

- la durata, natura e finalità del trattamento;

- le categorie dei dati oggetto del trattamento;

- le categorie di interessati;

- gli obblighi e diritti del titolare;

- le misure tecniche e organizzative adeguate a consentire il rispetto delle istruzioni impartite dal titolare e del Regolamento.

Con gli stessi obblighi è consentita la nomina di sub-responsabili[1] dedicati a specifiche attività di trattamento. È sempre il responsabile a rispondere di eventuali inadempimenti dei sub-responsabili a meno che sia dimostrabile che l'evento dannoso non gli è in alcun modo imputabile.

IL DPO

Il Data Protection Officer (DPO), altrimenti detto responsabile della protezione dei dati (RPD), è designato dal titolare o dal responsabile del trattamento per assolvere a funzioni di supporto e controllo, consultive, formative e informative relativamente all'applicazione del GDPR. Coopera con l'Autorità (attenzione ai casi in cui vada comunicato al Garante) e costituisce il punto di contatto, anche rispetto agli interessati, per le questioni connesse al trattamento dei dati personali.

---

[1] Si può parlare anche di Responsabile Generale e Responsabile Particolare

Il DPO ha il compito di analizzare, valutare e disciplinare la gestione del trattamento e della salvaguardia dei dati personali all'interno di un'azienda, secondo le direttive imposte dalle normative vigenti: potrà essere un soggetto interno (dipendente o collaboratore) o esterno (società di consulenza) e dovrà possedere competenze sia in aree giuridiche che informatiche e una ampia conoscenza della normativa. Egli esegue le proprie funzioni in completa indipendenza (senza ricevere alcuna istruzione o imposizione gerarchica) e riferisce sul suo operato direttamente ai vertici aziendali, i quali, per la piena esecuzione dei suoi compiti dovranno fornire risorse adeguate.

Gli autorizzati

La figura dell'autorizzato (art. 30 del codice privacy) non è presente in nessuna delle altre 27 legislazioni degli Stati membri dell'Unione e di fatto non è una figura autonoma prevista dal GDPR. Il Garante ha avuto non poche difficoltà nell'introdurla nella legge italiana siccome le altre DPA europee ritengono possa creare ambiguità con la figura dei responsabili.

Gli autorizzati (art. 4.1 del codice privacy) sono persone autorizzate al trattamento dei dati personali sotto l'autorità diretta del titolare o del responsabile. Si tratta di una volontaria responsabilizzazione di queste persone attraverso una specifica lettera di attribuzione di incarico che individui puntualmente l'ambito del trattamento consentito.

ORGANIGRAMMA DELLA PRIVACY

L'organigramma della privacy sarà diverso a seconda delle dimensioni della società.

Le grandi aziende, ad esempio, dotate di risorse economiche adeguate e di profili competenti potranno strutturare le proprie organizzazioni in modo tale da garantire al DPO un ufficio ad hoc ove all'interno opereranno figure esperte di normativa, informatica, risk management, legale e sicurezza aziendale principalmente incaricate del controllo di conformità al GDPR.

Nel contempo, in queste aziende, dovranno essere presenti anche strutture più operative, che si dovranno occupare della concreta realizzazione degli adempimenti normativi previsti dal GDPR.

Pensiamo ad esempio alla redazione dei moduli d'informativa alla clientela, della cura delle nomine a responsabile esterno del trattamento dei dati, la realizzazione del Privacy impact assesment etc.

Anche le aziende di medio grandi dimensioni, sono generalmente già dotate di risorse interne con competenze in risk management, legali, normative, IT, etc., anche se non specializzate in ambito data protection. Un secondo modello organizzativo che potrà quindi essere adottato in molte realtà medio/grandi si baserà su una figura di DPO indipendente, che insieme a un numero contenuto di collaboratori, nello svolgere le proprie attività, potrà avvalersi del supporto e della collaborazione dei vari uffici – compliance, legale, Sicurezza, IT, internal audit – che a diverso titolo e livello contribuiranno al pieno rispetto dei principi sanciti in ambito Privacy.

Soprattutto in una fase di implementazione iniziale del nuovo modello organizzativo, il DPO potrà avvalersi altresì del supporto costante di una società di consulenza esterna, alla quale potrà rivolgersi affinché si possa rafforzare il presidio di conformità al nuovo Regolamento.

Ancora, un ulteriore modello organizzativo potrà prevedere la nomina da parte del titolare o del responsabile di un professionista o un'organizzazione esterna in qualità di DPO.

Organigramma con DPO di una «grande impresa»

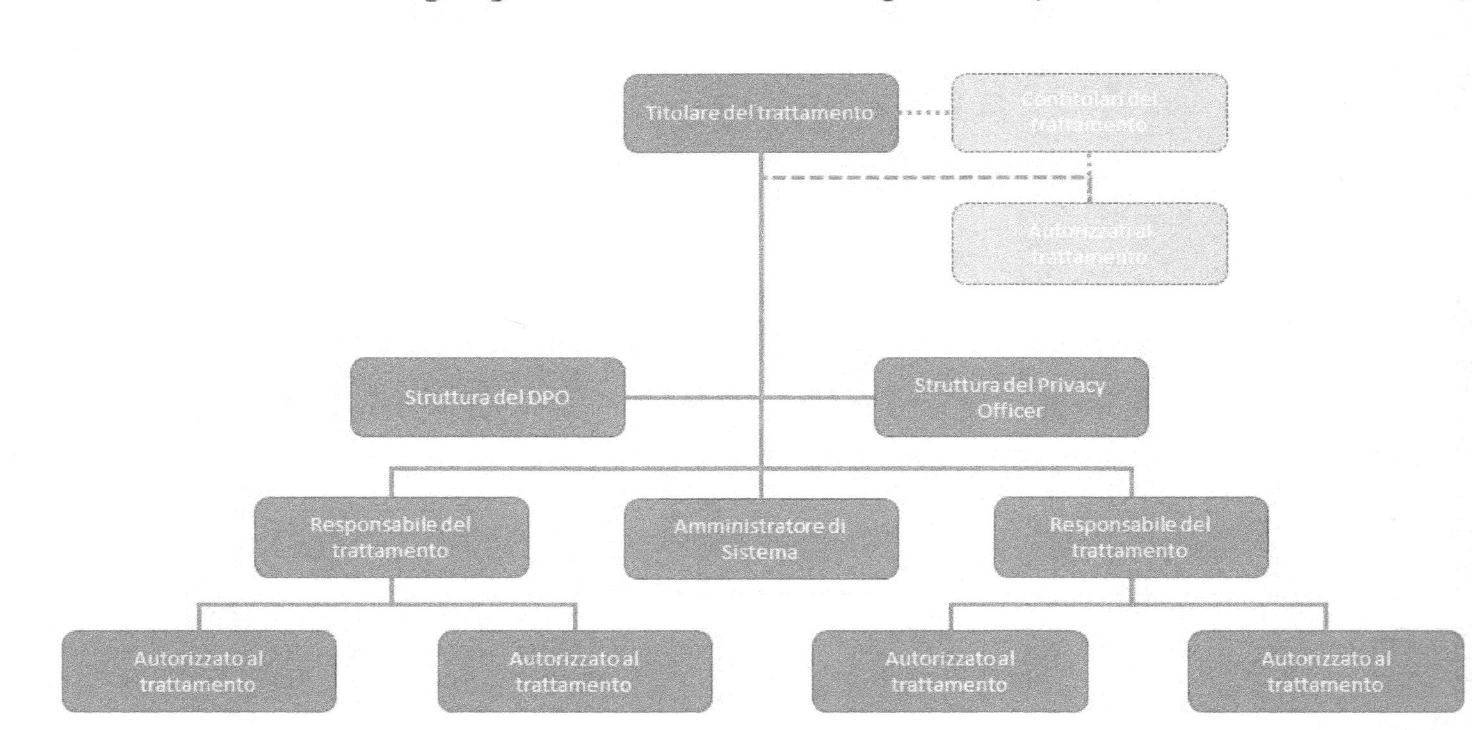

Organigramma con DPO in aziende medio/grandi

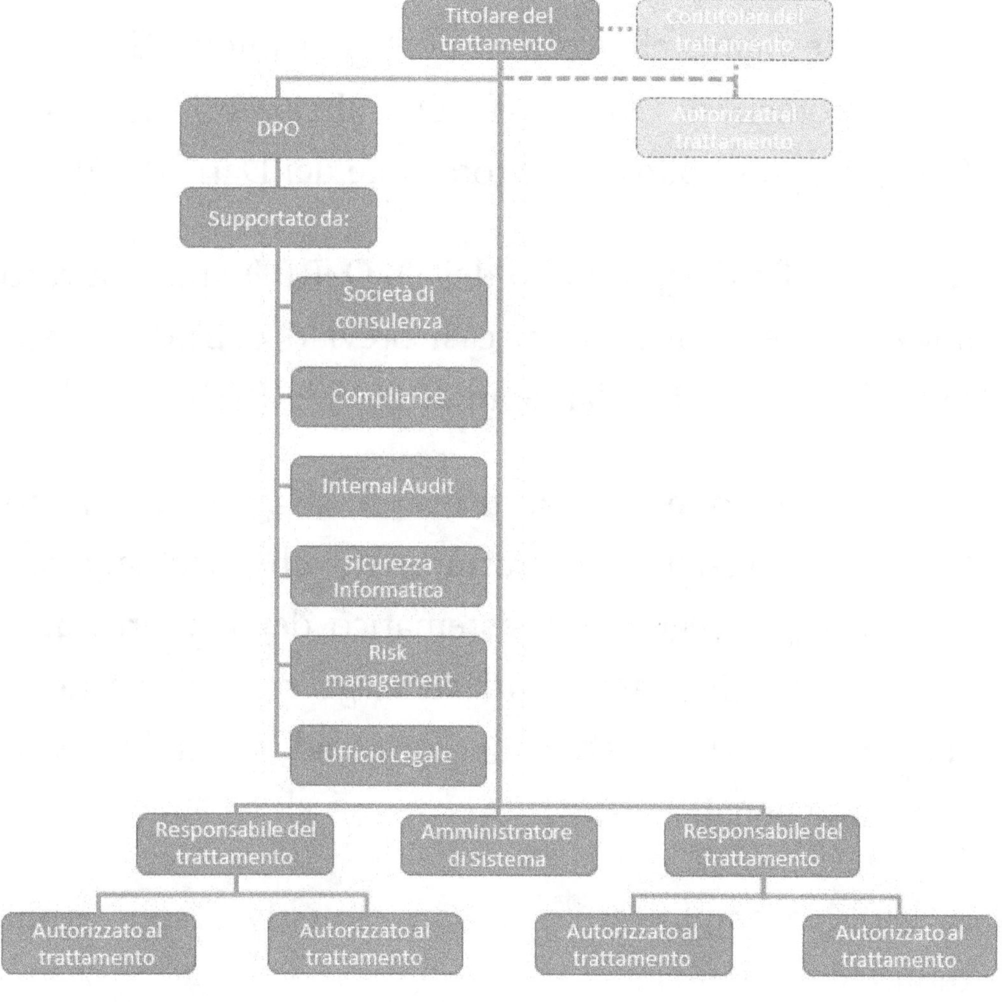

IL RUOLO DEL DPO - QUANDO E CHI NOMINARE

Una delle figure chiave introdotte dal nuovo GDPR è il Data Protection Officer (DPO), altrimenti definito in Italia, Responsabile della Protezione dei Dati (RPD).

L'onere della designazione del DPO/RPD spetta a tutti i soggetti che rientrano nei casi previsti dall'art.37, par.1, lett. B) e C) del Regolamento 2016/679 (UE).

Il presupposto è che si tratti di soggetti il cui core business consista in trattamenti che richiedono il monitoraggio regolare e sistematico degli interessati su larga scala o in trattamenti su larga scala di particolari categorie di dati personali come ad esempio reati e condanne penali.

A titolo esemplificativo e non esaustivo, sono quindi tenuti alla nomina:

- istituti di credito;
- imprese assicurative;
- sistemi di informazione creditizia;
- società finanziarie;

- società di informazioni commerciali;
- società di revisione contabile;
- società di recupero crediti;
- istituti di vigilanza;
- partiti e movimenti politici;
- sindacati;
- CAF e patronati;
- società operanti nel settore delle "utilities" (telecomunicazioni, distribuzione di energia elettrica o gas);
- imprese di somministrazione di lavoro e ricerca del personale;
- società operanti nel settore della cura della salute, della prevenzione/diagnostica sanitaria quali ospedali privati, terme, laboratori di analisi mediche e centri di riabilitazione;
- società di call-center;
- società che forniscono servizi informatici;
- società che erogano servizi televisivi a pagamento.

Per tutti questi soggetti occorre ricordare che il ruolo di Responsabile della Protezione dei Dati Personali DPO/RPD, è una carica compatibile con altri incarichi a patto che non sia in conflitto di interessi.

A mio avviso è sempre preferibile assegnare l'incarico ad un soggetto esterno per garantire l'imparzialità. In ogni caso è meglio evitare di assegnare il ruolo a soggetti di alta direzione come l'A.D., membri del CdA, D.G. ecc. e al Responsabile IT in quanto in possibile conflitto di interesse.

Una alternativa è nominare un dipendente del titolare o del responsabile del trattamento (art.37,par.6 del Regolamento).

In tutti i casi una buona regola è procedere ad una chiara ripartizione delle competenze, individuando una sola persona fisica preposta alla interlocuzione con i soggetti interessati e l'Autorità di controllo.

IL REGISTRO DEI TRATTAMENTI - RISORSE FREE

Il nuovo regolamento sulla Privacy, GDPR, introduce il Registro dei Trattamenti come strumento per tenere sotto controllo le operazioni di trattamento dei dati che vengono effettuate all'interno delle Organizzazioni.

Sebbene non obbligatorio per le aziende e gli enti con meno di 250 dipendenti, a mio avviso è sempre opportuno utilizzare il Registro dei Trattamenti come valido strumento per gestire non solo i dati collezionati ma anche i diritti degli interessati.

La sua compilazione offre un momento di ricognizione, la radiografia del patrimonio informativo e il motivo per cui si trattano determinati dati. L'occasione per identificare il superfluo e disfarcene.

In rete sono disponibili diverse risorse gratuite, tutti i link sono facilmente individuabili visitando l'articolo sul blog : http://www.bleble.it/2018/05/16/gdpr-esempi-free-di-registro-dei-trattamenti/

REGISTRO SEMPLIFICATO

Probabilmente il migliore strumento con cui partire per prendere confidenza con il Registro dei Trattamenti e strutturare in seguito opportunamente il Registro Ufficiale. E' in lingua italiana e comprende due schede: un foglio nel quale inserire i dati della Organizzazione e il Registro dei Trattamenti.

La scheda Registro contiene i seguenti campi:

- Trattamento: il tipo di trattamento

- Dipartimento: unità responsabile (es. marketing)

- Finalità: finalità del trattamento

- Tipi di dati: categorie di dati trattati

- Categoria degli interessati: classificazione degli interessati

- Categoria dei destinatari: classificazione di chi è destinatario dei dati

- Consenso/Informativa/Termini ultimi di conservazione: data di inizio e di fine dei consensi e conservazione

- Misure di sicurezza: misure procedurali e tecnologiche adottate per la protezione dei dati personali

- Contitolare del trattamento

- Rappresentante del trattamento

- Responsabile del trattamento

- Garanzie di trasferimento: in caso di trasferimento dei dati verso paesi esteri o organizzazioni internazionali è necessario elencare i documenti che salvaguardano e garantiscono dati e processo

MODELLO CNIL

L'Autority francese ha rilasciato un comodissimo strumento sempre in formato Excel, in lingua francese.Contiene per altro la lista dei paesi aderenti e non aderenti, ed è diviso in tre schede:

- Lista dei trattamenti

- Modello scheda trattamento

Trattasi di un buon prodotto che però vi consiglio di integrare con piccoli accorgimenti come il collegamento ipertestuale tra la lista dei trattamenti e le rispettive schede (oltre che tradurlo in Italiano/Inglese).

MODELLO CPP

Anche l'Autority belga ha prodotto un utile registro dei trattamenti in lingua inglese.Il documento in formato excel è diviso in 5 schede:

- Identificazione dell'organizzazione che gestisce il registro

- Il registro corrente

- Elenchi di valori che vengono in aiuto per completare il registro

- Manuale d'uso

- Mappatura del registro

LA VALUTAZIONE DI IMPATTO SULLA PROTEZIONE DEI DATI (DPIA) - SOFTWARE FREE

La procedura di cui all'art. 35 del Regolamento 2016/679, il Data Protection Impact Assessment (DPIA) è una valutazione necessaria nei casi di trattamento che preveda l'uso di nuove tecnologie, in quanto: "considerati la natura, l'oggetto, il contesto e le finalità, può presentare un rischio elevato per i diritti e le libertà delle persone fisiche".

Il Garante della Privacy, sul sito ufficiale https://www.garanteprivacy.it/web/guest/home/docweb/-/docweb-display/docweb/8581268 mette a disposizione un software gratuito realizzato dalla CNIL – l'autorità francese – di ausilio per la valutazione d'impatto sulla protezione dei dati (DPIA).

Il software è gratuito e tradotto in lingua italiana, offre un percorso guidato per la valutazione di impatto, in accordo alle linee guida.

Attenzione, il software offre solo un primo orientamento e *"non costituisce un modello al quale fare riferimento in ogni situazione di trattamento, non va inteso come schema predefinito per ogni valutazione d'impatto, che va integrata in ragione delle tipologie di trattamento esaminate. [...] La valutazione d'impatto sulla protezione dei dati deve tenere conto del rischio complessivo che il trattamento previsto può comportare per i diritti e le libertà degli interessati, alla luce dello specifico contesto. Pertanto, il concetto di rischio non si esaurisce nella considerazione delle possibili violazioni o minacce della sicurezza dei dati"*

HR: PER QUANTO TEMPO CONSERVARE I DATI?

Scacco *matto* in 6 mosse

E' prassi diffusa applicare il termine di dieci anni (prescritto dal Codice delle Obbligazioni per numerosi documenti amministrativi), anche per alcuni atti personali.

Ad esempio, i documenti necessari per le assicurazioni sociali o la dichiarazione di salario,per allestire o giustificare i certificati di lavoro e per fornire referenze devono essere conservati per dieci anni dopo lo scioglimento del contratto di lavoro.

Cosa cambia con il GDPR?

Il nuovo GDPR indica che i dati personali possono essere conservati per un periodo di tempo non superiore a quello necessario agli scopi per i quali sono stati raccolti e trattati.

Pertanto, ogni azienda, società o altro tipo di ente dovrà adeguarsi a tale previsione normativa, provvedendo senza ritardo alla cancellazione o alla anonimizzazione dei dati nel momento in cui la conservazione dei dati personali non risulti ulteriormente giustificata.

Cosa cambia per le Risorse Umane?

La regola generale è eliminare i dati nel momento in cui viene meno lo scopo di raccolta degli stessi, a meno che non esistano altri motivi per la conservazione. Il consiglio è quindi di delineare un regolare processo di revisione e di pulizia dei database delle risorse umane.

Il GDPR impone alle Risorse Umane di delineare e spiegare, per ogni categoria di dati personali, il motivo e la durata del trattamento.

Per mettersi al sicuro prova a gestire ogni categoria di dati dei dipendenti con questi 6 passaggi:

1. **Svolgi un audit**. Analizza in che modo sono registrate le informazioni, il motivo, la durata e la relativa motivazione;

2. **Nomina un responsabile** che sia opportunamente formato;

3. **Valuta i rischi** associati alle tue registrazioni. Redigi un documento da allegare al tuo registro dei rischi;

4. **Proteggi i dati** assicurandoti che siano oggetto di back-up e che non possano essere rubati o manomessi;

5. **Sostieni i diritti individuali**. Assicurati di poter accedere, modificare o cancellare i dati se richiesto da un dipendente;

6. **Svolgi esami periodici**. Controlla i tuoi dati regolarmente e distruggi tutti i record che non ti servono. Se ritieni che alcuni dati debbano essere conservati più a lungo di quanto si pensi, devi ricevere il consenso da tutti i dipendenti coinvolti.

Due buone norme:

- I documenti concernenti la candidatura (ad esempio curriculum vitae, attestati, diplomi, foto) vanno restituiti al più tardi al termine del rapporto di impiego;

- I documenti riguardanti le qualifiche, le perizie mediche o i test attitudinali devono essere distrutti o restituiti al più tardi due anni dopo che sono stati redatti.

Da un punto di vista pratico, con il GDPR occorre garantire ai dipartimenti HR i processi e gli strumenti tecnologici adeguati per raccogliere, tracciare, gestire e aggregare in modo affidabile l'ampio volume e la varietà delle informazioni dei dipendenti.

Questo potrebbe essere un obiettivo molto impegnativo per tutte quelle aziende che gestiscono i dati del personale su sistemi diversi (cartelle sul server aziendale, file excel, word, e-mail, ecc.). In queste condizioni, anche fornire una copia al dipendente dei suoi dati, può diventare un compito arduo.

Esistono molti software HR che permettono di gestire i dati dei dipendenti provenienti da diverse fonti per centralizzarli in un'unica piattaforma, facilmente accessibile e con back-up automatici.

TRASFERIMENTO DEI DATI FUORI DALL'UNIONE EUROPEA

Come abbiamo visto, il nuovo Regolamento prevede vincoli molto stringenti per i paesi membri.

In caso di trasferimento dei dati fuori dall'Unione Europea è necessario verificare se il paese destinatario assicuri un livello di protezione dei dati tale da garantire gli stessi diritti previsti dal GDPR.

A tal fine il Regolamento ammette il trasferimento fuori dall'Unione Europea solo in presenza di determinate condizioni.

In sintesi il trasferimento è possibile:

> 1) in presenza di una decisione di adeguatezza della Commissione Europea che accerti che il paese terzo, un territorio o uno o più settori specifici all'interno del paese terzo o un'organizzazione internazionale garantiscono un livello di protezione adeguato (art. 45 GDPR);

2) in assenza di una decisione di adeguatezza della Commissione, qualora siano fornite dai titolari coinvolti nel trasferimento delle garanzie adeguate di natura contrattuale o pattizia (elencate all'art. 46 del GDPR);

3) in assenza di ogni altro presupposto, solo qualora si verifichi una delle specifiche situazioni previste all'art. 49 delGDPR.

Per quanto riguarda le decisioni di adeguatezza, il Regolamento prevede espressamente che le decisioni adottate sin ad oggi dalla Commissione restino in vigore fino a quando non siano modificate, sostituite o abrogate.

Di conseguenza, restano valide le autorizzazioni nazionali emesse dal Garante successivamente a tali decisioni.

In particolare le decisioni di adeguatezza emesse sino ad oggi riguardano: Andorra, Argentina, Australia (sul trattamento e sul trasferimento dei dati del codice di prenotazione, Passenger Name Record — PNR, originari dell'Unione Europea da parte dei vettori aerei all'amministrazione doganale australiana), Canada, Isole Faer Oer, l'isola di Guersney, Isola di Man, Israele,

Nuova Zelanda, Svizzera, Uruguay, lo scudo UE - USA e il trattamento dei dati delle schede nominative dei passeggeri, trasmessi dalla Comunità agli Stati Uniti, per quanto riguarda i voli con destinazione o partenza dagli Stati Uniti, effettuato dall'Ufficio statunitense delle dogane e della protezione delle frontiere.

Inoltre, per quanto riguarda le garanzie di natura contrattuale o pattizia, il Regolamento prevede che restino ancora in vigore le cosiddette "clausole standard" già adottate da uno Stato membro o da un'autorità di controllo, o che siano state emanate dalla Commissione ai sensi della direttiva 95/46/CE. In sostanza, stipulando tali clausole con il destinatario dei dati, il soggetto esportatore garantisce che i dati personali saranno trattati conformemente ai principi stabiliti nella Direttiva anche da parte del paese terzo di destinazione.

In caso di trasferimento dei dati fuori dell'UE, pertanto, sarà necessario valutare di volta in volta le modalità di trattamento effettuato dal paese terzo di destinazione, verificare l'esistenza di una decisione di adeguatezza della Commissione e in mancanza procedere con la stipula delle clausole standard.

LA PRIVACY E IL CLOUD

Il fornitore di cloud è un responsabile del trattamento

Infatti i trattamenti sono: la raccolta, la registrazione, l'organizzazione, la strutturazione, la conservazione, l'adattamento o la modifica, l'estrazione, la consultazione, l'uso, la comunicazione mediante trasmissione, diffusione o qualsiasi altra forma di messa a disposizione, il raffronto o l'interconnessione, la limitazione, la cancellazione o la distruzione;

ISO/IEC 27018 - techniques — Code of practice for protection of personally identifiable information (PII) in public clouds acting as PII processors

A public cloud service provider is a 'PII processor' when it processes PII for and according to the instructions of a cloud service customer. The cloud service customer, who has the contractual relationship with the public cloud PII processor, can range from:

• a natural person, a 'PII principal', processing his or her own PII in the cloud,

• to an organization, a 'PII controller', processing PII relating to many PII principals.

Requisiti aumentati (rispetto alla ISO 27002)

5.1.1 Policies for information security

Control 5.1.1 and the associated implementation guidance and other information specified in ISO/IEC 27002 apply. The following sector specific guidance also applies.

Public cloud PII protection implementation guidance

The information security policies should be augmented by a statement concerning support for and commitment to achieving compliance with applicable PII protection legislation and the contractual terms agreed between the public cloud PII processor and its clients (cloud service customers).

SECONDA PARTE

CURRICULUM VITAE ED E-MAIL

COME MODIFICARE IL CURRICULUM VITAE

GDPR e Curriculum Vitae, in che modo occorre modificare il CV per il rilascio della autorizzazione al trattamento dei dati personali?

Se state cercando una nuova occupazione, prima di inviare Curriculum Vitae in giro leggete attentamente questo capitolo. Per garantire il rispetto e la sicurezza della propria privacy e la conformità al GDPR bastano pochi passaggi.

Innanzitutto vi consiglio di visitare il sito internet della società a cui desiderate inviare il Curriculum Vitae, non solo per prendere informazioni utili in sede di colloquio (prodotti, mercato di riferimento ecc.) ma anche per leggere con attenzione l'informativa per il trattamento dei dati personali.

Teoricamente l'informativa dovrebbe contenere una sezione dedicata alla gestione delle risorse umane in accordo al GDPR con le seguenti informazioni:

- Identità del Titolare e del/dei responsabili del trattamento;

- Fonte dei dati inerenti alla gestione dei Curriculum Vitae e ai colloqui di valutazione;

- Finalità del trattamento;

- Destinatari dei dati;

- Trasferimento dei dati;

- Conservazione dei dati con relativa indicazione del periodo;

- Diritti dell'interessato;

- Revoca del consenso

- Proposizione del richiamo;

- Rifiuto al conferimento dei dati;

- Eventuali processi decisionali automatizzati.

Passando al Curriculum Vitae, è indispensabile inserire l'Autorizzazione al Trattamento Dei Dati Personali, acconsentendo esplicitamente al trattamento da parte dell'organizzazione a cui si vuole inviare ricevere il documento.

Attenzione, l'unica autorizzazione valida deve essere riferita al Regolamento Europeo perla Protezione dei Dati Personali (GDPR) :

Autorizzo il trattamento dei miei dati personali ai sensi dell'art. 13 d. lgs. 30 giugno 2006 n°196 – "Codice in materia di protezione dei dati personali" e dell'art. 13 GDPR 679/16 –"Regolamento europeo sulla protezione dei dati personali".

Inserire l'autorizzazione è molto importante siccome in sua assenza la Società che riceve il Curriculum Vitae non potrà utilizzare nessun dato in esso contenuto, annullando l'opportunità di essere chiamati per un colloquio di lavoro.

Al pari della precedente normativa, potete inserire l'autorizzazione in calce al Curriculum Vitae, personalmente preferisco inserirla come nota a pie di pagina in modo da non compromettere la leggibilità del documento.

Ultima nota, se possibile ricordate di firmare sempre il Curriculum Vitae.

FORMULA IN CALCE ALLE E-MAIL

La formula di stile che spesso è inserita in calce alle mail per "tutelarsi" nel caso in cui si inviasse per sbaglio una mail ad un destinatario errato, è del tutto facoltativa.

Di seguito un esempio:

Rispetta l'ambiente: se non ti è necessario, non stampare questa mail. Ai sensi del regolamento UE 2016/679 (GDPR) si precisa che le informazioni contenute in questo messaggio sono riservate ad uso esclusivo del destinatario. Qualora il messaggio in parola Le fosse pervenuto per errore, La invitiamo ad eliminarlo senza copiarlo e a non inoltrarlo a terzi, dandone gentilmente comunicazione.

Nel caso in cui si utilizzi la mail per attività di marketing, occorre inserire una apposita formula per informare in merito al diritto di opposizione.

A tutela del cliente destinatario di invii promozionali, pubblicitari e commerciali, oltre a richiedere obbligatoriamente una corretta preventiva informazione allo stesso cliente sulle specifiche finalità di marketing nel trattamento dei dati, occorre informarlo al momento della raccolta ed in occasione dell'invio di ogni comunicazione, del diritto di opporsi in ogni momento al trattamento, in modo agevole e gratuito.

Analogamente (anche se per esigenze diverse dalla tutela della privacy) il destinatario di un messaggio dovrebbe ricevere l'indicazione che può opporsi al ricevimento in futuro di tali comunicazioni.

Pertanto, è opportuno che nei messaggi e-mail inviati ai clienti, già informati del particolare uso per attività di marketing dei loro dati, contengano sempre <u>un chiaro avviso standard</u> sull'esercizio dei diritti e specificatamente sul diritto di opposizione gratuita allo specifico trattamento.

Modello di avviso nelle e-mail al cliente sul diritto di opposizione

In ogni momento l'interessato, destinatario del messaggio, ha diritto di opporsi al trattamento per invio di comunicazioni commerciali, di materiale pubblicitario o di vendita diretta[2],

---

[2]Individuare quale concreta finalità ricorre mediante opportuna analisi

cliccando sul sottostante indirizzo e-mail[3] L' interessato può, inoltre, esercitare tutti i diritti di accesso sui propri dati in accordo al Regolamento (UE) 2016/679 GDPR, tra i quali i diritti di rettifica, aggiornamento e cancellazione, inviando un messaggio all'indirizzo email ....@ ....it

---

[3]Predisporre l'invio di un messaggio di richiesta di cancellazione

NOMINE

MODELLO DESIGNAZIONE DPO

(Da copiare su carta intestata della Società e modificare in accordo alle diverse esigenze)

Atto di designazione del Responsabile della Protezione dei Dati personali (RDP) ai sensi dell'art. 37 del Regolamento UE 2016/679

Premesso che:

- il Regolamento (UE) 2016/679 del Parlamento Europeo e del Consiglio del 27 aprile 2016 *«relativo alla protezione delle persone fisiche con riguardo al trattamento dei dati personali, nonché alla libera circolazione di tali dati e che abroga la direttiva 95/46/CE (Regolamento generale sulla protezione dei dati)»* (di seguito anche RGPD), in vigore dal 24 maggio 2016, e applicabile a partire dal 25 maggio 2018, introduce la figura del Responsabile dei dati personali (RDP) (artt. 37-39);

- le disposizioni di cui all'art. 37 del Regolamento prevedono che il RPD *«può essere un dipendente del titolare del trattamento o del responsabile del trattamento oppure assolvere i suoi compiti in base a un contratto di servizi»* (art.37, paragrafo 6) e deve essere individuato *«in funzione delle qualità professionali, in particolare della conoscenza specialistica della normativa e delle prassi in materia di protezione dei dati, e della capacità di assolvere i compiti di cui all'articolo 39»* (art. 37, paragrafo 5) e *«il livello necessario di conoscenza specialistica dovrebbe essere determinato in base ai trattamenti di dati effettuati e alla protezione richiesta per i dati personali trattati dal titolare del trattamento o dal responsabile del trattamento»* (considerando n. 97 del RGPD);

\- le disposizioni prevedono, inoltre, che *«un gruppo imprenditoriale può nominare un unico responsabile della protezione dei dati, a condizione che un responsabile della protezione dei dati sia facilmente raggiungibile da ciascuno stabilimento* (art. 37, paragrafo 2);

Considerato che la Società ....:

\- non è tenuta alla designazione obbligatoria del responsabile della protezione dei dati, non rientrando nelle fattispecie previste all'art.37, paragrafo 1, del Regolamento[4];

\- in considerazione dell'importanza che riconosce alla tutela dei dati personali, la

---

[4] Eliminare se la Società rientra fra quelle obbligate alla nomina

Società............ [5]ha ritenuto opportuno dotarsi di un responsabile unico, avvalendosi della facoltà prevista dall'art. 37, comma 2, del Regolamento[6];

-        all'esito di una procedura selettiva interna ha ritenuto che il la/il ...., sia in possesso del livello di conoscenza specialistica e delle competenze richieste dall'art. 37, par. 5, del RGPD, per la nomina a RPD, e non si trova in situazioni di conflitto di interesse con la posizione da ricoprire e i compiti e le funzioni da espletare;

DESIGNA

---

[5] nel caso di Gruppi costruiti da più società, elencare tutte le società coinvolte

[6] nel caso di Gruppi costituiti da più società, sarà possibile nominare un singolo DPO aggiungendo una formula del tipo: *"...e alla luce delle valutazioni condotte di concerto con le predette Società in ordine a dimensioni, affinità tra le relative strutture organizzative,trattamenti di dati personali e razionalizzazione della spesa;*

(generalità della persona individuata), Responsabile della protezione dei dati personali (RPD) per la Società ....

Il predetto, nel rispetto di quanto previsto dall'art. 39, par. 1, del RGPD è incaricato di svolgere, in piena autonomia e indipendenza, i seguenti compiti e funzioni:

a)	informare e fornire consulenza ai titolari del trattamento e ai responsabili del trattamento delle Società del Gruppo nonché ai dipendenti che eseguono il trattamento in merito agli obblighi derivanti dal RGPD, nonché da altre disposizioni nazionali o dell'Unione relative alla protezione dei dati;

b)	sorvegliare l'osservanza del RGPD, di altre disposizioni nazionali o dell'Unione relative alla protezione dei dati nonché delle politiche dei titolari del trattamento o dei responsabili del trattamento in materia di protezione dei dati personali, compresi l'attribuzione delle responsabilità, la sensibilizzazione e la formazione del personale che partecipa ai trattamenti e alle connesse attività di controllo;

c)   fornire, se richiesto, un parere in merito alla valutazione d'impatto sulla protezione dei dati e sorvegliarne lo svolgimento ai sensi dell'articolo 35 del RGPD;

d)   cooperare con il Garante per la protezione dei dati personali;

e)   fungere da punto di contatto con il Garante perla protezione dei dati personali per questioni connesse al trattamento, tra cui la consultazione preventiva di cui all'articolo 36, ed effettuare, se del caso, consultazioni relativamente a qualunque altra questione;

f)   tenere il registro delle attività di trattamento delle Società del Gruppo, sotto la responsabilità dei titolari del trattamento delle società.

I compiti del Responsabile della Protezione dei Dati personali attengono all'insieme dei trattamenti di dati effettuati dalle Società.................

La Società.................. si impegna a:

a)   mettere a disposizione del RPD le seguenti risorse al fine di consentire l'ottimale svolgimento dei compiti e delle funzioni assegnate .... *(specificare, ad es. se è stato istituito un apposito Ufficio o gruppo di lavoro, le relative dotazioni logistiche e di risorse umane, nonché i compiti o le responsabilità individuali del personale [si possono inserire i nominativi e le funzioni svolte da coloro che saranno nominati Responsabili generali e Responsabili Particolari])*;

b)   non rimuovere o penalizzare il RPD in ragione dell'adempimento dei compiti affidati nell'esercizio delle sue funzioni;

c)   garantire che il RPD eserciti le proprie funzioni in autonomia e indipendenza e in particolare, non assegnando allo stesso attività o compiti che risultino in contrasto o conflitto di interesse;

DELIBERA

di designare .... come Responsabile dei dati personali (RPD) per la Società..............

Il nominativo e i dati di contatto del RPD (recapito postale, telefono, email) saranno resi disponibili nella intranet aziendale (url...., ovvero bacheca) e comunicati al Garante per la protezione dei dati personali. I dati di contatto saranno, altresì, pubblicati sul sito internet istituzionale.

MODELLO NOMINA RESPONSABILE ESTERNO DEL TRATTAMENTO

(Da copiare su carta intestata della Società e modificare in accordo alle diverse esigenze)

ATTO DI NOMINA A RESPONSABILE ESTERNO DEL TRATTAMENTO

TRA

La Società._________, con sede legale in _________, nella persona di ___________, (di seguito anche il **"Titolare"**),

e

[·], con sede legale in [·], codice fiscale e partita IVA n. [·], in persona del proprio rappresentante legale (di seguito anche **"il Fornitore"**),

(d'ora in avanti congiuntamente indicate come le **"Parti"**)

PREMESSO CHE

•   tra le Parti è in essere un contratto per la prestazione di servizi (i "**Servizi**") da parte del Fornitore in favore del Titolare (il "**Contratto**"), cui il presente atto di nomina è allegato;

•   i Servizi consistono nella____

_______;

•   la prestazione dei Servizi comporta lo svolgimento da parte del Fornitore, per conto del Titolare, di operazioni di trattamento di dati personali *ivi incluso il trattamento di dati sensibili* [opzionale];

•   Titolare del trattamento dei suddetti dati personali è ____________ poiché definisce le modalità e le finalità del trattamento stesso;

•   il Fornitore dichiara e garantisce di essere in possesso dei requisiti previsti dall'art. 28 del Regolamento UE 679/16 (di seguito "**Regolamento**") al fine di garantire la piena conformità del trattamento dei dati che deve essere effettuato in base al Contratto con la normativa in materia di protezione dei dati personali, ivi comprese tutte le previsioni vigenti riguardo alla sicurezza;

·   ai sensi di quanto previsto all'art. 28 del Regolamento, con il presente atto il Titolare nomina ______Responsabile esterno del trattamento dei dati personali con riferimento al trattamento svolto in base al Contratto.

Tutto ciò premesso le Parti convengono quanto segue.

## 1.	PREMESSE

1.1	Le premesse costituiscono parte integrante ed essenziale del presente atto di nomina.

## 2.	OGGETTO

2.1	Con il presente atto il Titolare nomina il Fornitore, che accetta, Responsabile esterno del trattamento in relazione alle operazioni di trattamento dati personali poste in essere ai fini della prestazione dei Servizi;

2.2	I compiti assegnati al Fornitore sono esclusivamente quelli resi necessari dalle attività connesse alla prestazione dei Servizi.

## 3.	OBBLIGHI DEL RESPONSABILE ESTERNO DEL TRATTAMENTO

Nello svolgimento dei Servizi previsti dal Contratto e dalla presente nomina il Fornitore si impegna a:

a) Agire esclusivamente nell'ambito delle istruzioni ricevute dal Titolare e segnalargli immediatamente qualora ritenga che un o più istruzioni ricevute violino il Regolamento o altre disposizioni di legge;

b) Mantenere la massima riservatezza in merito alle informazioni e i dati di cui verrà a conoscenza per rendere i Servizi o nello svolgimento della prestazione prevista dal Contratto. I dati personali non dovranno essere diffusi o comunicati a terzi senza l'espressa autorizzazione del Titolare, salvo che ciò sia richiesto dalla legge o dalla pubblica autorità. In tale ultimo caso il Fornitore dovrà immediatamente darne notizia al Titolare.

c) Svolgere l'incarico direttamente o per il tramite di personale o ausiliari di qualsiasi genere debitamente formati, istruiti, nominati allo scopo. Il Fornitore non potrà ricorrere a un altro responsabile e delegare il trattamento affidatogli senza previa autorizzazione scritta del Titolare. Il Fornitore garantisce che le persone autorizzate al trattamento dei dati personali si sono impegnate alla riservatezza o hanno un adeguato obbligo legale di riservatezza;

d)   Trattare i dati nel rispetto dei principi propri del Regolamento con specifico riferimento a quelli di liceità, correttezza, trasparenza, adeguatezza, pertinenza, limitatezza, esattezza. I dati dovranno essere aggiornati e conservati in una forma che consenta l'identificazione degli interessati per un periodo di tempo non superiore al conseguimento delle finalità per le quali sono trattati nonché trattati in modo che non sia incompatibile con le finalità per cui sono raccolti;

e)   Qualora nel corso della prestazione dei Servizi o della vigenza del Contratto dovesse venire a conoscenza di un motivo per cui uno dei principi di cui al punto precedente non è o non può essere rispettato, informarne immediatamente il Titolare;

f)   Trattare i dati personali comunicati dalla Società o comunque trattati nel suo interesse soltanto per le finalità connesse con lo svolgimento dei Sevizi e l'adempimento del Contratto;

g)   Trattare i dati al massimo sino alla revoca della presente nomina e comunque non oltre la durata del Contratto. Nel caso in cui il diritto dell'Unione o italiano preveda la conservazione dei dati oltre tale termine dovrà darne immediatamente avviso al Titolare;

h)   Eseguire in ogni caso la cancellazione o la restituzione dei dati a richiesta del Titolare e comunque a non conservarli oltre il periodo massimo previsto dalla legge o dal Regolamento;

i)   Non trasferire i dati trattati verso un paese esterno alla UE o un'organizzazione internazionale, salvo che lo richieda il diritto dell'Unione o italiano, se non in presenza di espressa autorizzazione documentata da parte del Titolare. Nel primo caso il Fornitore dovrà informare il Titolare circa tale obbligo giuridico prima del trattamento, a meno che la legge vieti tale informazione per rilevanti motivi di interesse pubblico;

l)   Adottare tutte le misure richieste e necessarie ai sensi dell'articolo 32 del Regolamento. In particolare il Fornitore dovrà, tenendo conto dello stato dell'arte e dei costi di attuazione, nonché della natura, dell'oggetto, del contesto e delle finalità del trattamento, come anche del rischio di varia probabilità e gravità per i diritti e le libertà delle persone fisiche, mettere in atto misure tecniche e organizzative adeguate per garantire un livello di sicurezza adeguato al rischio;

m)   Assistere il Titolare con misure tecniche e organizzative adeguate, nella misura in cui ciò sia possibile, al fine di soddisfare l'obbligo del Titolare stesso di dare seguito alle richieste per l'esercizio dei diritti dell'interessato di cui al capo III del Regolamento;

n)   Assistere il Titolare nel garantire il rispetto degli obblighi di cui agli articoli da 32 a 36 del Regolamento. In particolare Lei dovrà comunicare al Titolare tempestivamente e comunque non oltre le 24 ore dal verificarsi della stessa qualsiasi violazione dei dati personali, come definita dall'art. 4 del Regolamento, di cui dovesse venire a conoscenza. In aggiunta il Fornitore dovrà comunicare e successivamente collaborare con il Titolare nel caso in cui le modalità con le quali effettua uno o più trattamenti possano determinare la necessità di una Valutazione d'impatto sulla protezione di dati;

o)   Mettere immediatamente a disposizione del Titolare tutte le informazioni necessarie per dimostrare il rispetto degli obblighi di cui al presente accordo e di cui al Regolamento nonché consentire e contribuire alle attività di revisione, comprese le ispezioni, realizzati dal Titolare o da altro soggetto da questi incaricato.

4.   GARANZIE E CONSEGUENZE DELL'INADEMPIMENTO

Il Fornitore si assume ogni responsabilità per le dichiarazioni, le garanzie e le obbligazioni incluse nel presente atto di nomina. Il Fornitore si obbliga a risarcire integralmente il Titolare per qualsiasi conseguenza pregiudizievole dovesse scaturire dall'inosservanza delle istruzioni del Titolare e/o dall'inadempimento alle obbligazioni di cui al presente atto di nomina.

(Data e Firma del Titolare e del Fornitore per
accettazione)

MODELLO NOMINA RESPONSABILE GENERALE DEL TRATTAMENTO

(Da copiare su carta intestata della Società e modificare in accordo alle diverse esigenze)

ATTO DI NOMINA A RESPONSABILE GENERALE DEL TRATTAMENTO

TRA

La Società__________________ con sede legale in __________________,nella persona di ____________ (di seguito anche il **"Titolare"**),

e

____________, codice fiscale __________________ (diseguito anche **"il Dipendente"**),

(d'ora in avanti congiuntamente indicate come le **"Parti"**)

PREMESSO CHE

•   tra le Parti è in essere un contratto di lavoro (il **"Contratto"**), cui il presente atto di nomina è allegato;

•	Il Dipendente riveste mansioni di ________________ che comportano il trattamento di dati personali per conto del Titolare, ivi incluso il trattamento di dati sensibili;

•	Titolare del trattamento dei suddetti dati personali è ________________ poiché definisce le modalità e le finalità del trattamento stesso;

•	In virtù delle capacità, del ruolo e dell'esperienza del Dipendente il Titolare ha deciso di nominare, ai sensi di quanto previsto all'art. 28 del Regolamento 679/16 (di seguito **"il Regolamento"**), con il presente atto il Dipendente quale Responsabile Generale del trattamento dei dati personali della società.

Tutto ciò premesso le Parti convengono quanto segue.

## 1.	PREMESSE

1.1	Le premesse costituiscono parte integrante ed essenziale del presente atto di nomina.

## 2.	OGGETTO

2.1 Con il presente atto il Titolare nomina il Dipendente, che accetta, Responsabile Generale del trattamento in relazione a tutte le operazioni di trattamento dati personali poste in essere in dalla società.

2.2   I compiti assegnati al Dipendente sono esclusivamente quelli resi necessari dalle attività connesse alla prestazione delle attività di cui al punto che precede.

3.   OBBLIGHI DEL RESPONSABILE GENERALE DEL TRATTAMENTO

Nello svolgimento della prestazione e del trattamento di dati previsti dalla presente nomina il Dipendente si impegna a:

a)   Agire esclusivamente nell'ambito delle istruzioni ricevute dal Titolare e a segnalargli immediatamente qualora ritenga che una o più istruzioni ricevute violino il Regolamento o altre disposizioni di legge.

b)   Mantenere la massima riservatezza in merito alle informazioni e i dati di cui verrà a conoscenza per lo svolgimento della prestazione richiesta. I dati personali non dovranno essere diffusi o comunicati a terzi senza l'espressa autorizzazione del Titolare, salvo che ciò sia richiesto dalla legge o dalla pubblica autorità. In tale ultimo caso il Dipendente dovrà immediatamente darne notizia al Titolare.

c)   Svolgere l'incarico direttamente o per il tramite di dipendenti da sé o dal Titolare debitamente autorizzati. Il Dipendente non potrà ricorrere a un altro responsabile e delegare il trattamento affidatogli senza previa autorizzazione scritta del Titolare. Il Dipendente conferma che le persone autorizzate al trattamento dei dati personali si sono impegnate alla riservatezza o hanno un adeguato obbligo legale di riservatezza.

d)   Trattare i dati nel rispetto dei principi propri del Regolamento con specifico riferimento a quelli di liceità, correttezza, trasparenza, adeguatezza, pertinenza, limitatezza, esattezza. I dati dovranno essere aggiornati e conservati in una forma che consenta l'identificazione degli interessati per un periodo di tempo non superiore al conseguimento delle finalità per le quali sono trattati nonché trattati in modo che non sia incompatibile con le finalità per cui sono raccolti.

e)   Qualora nel corso dello svolgimento della prestazione o della vigenza del Contratto dovesse venire a conoscenza di un motivo per cui uno dei principi di cui al punto precedente non è o non può essere rispettato, informarne immediatamente il Titolare.

f)   Trattare i dati personali comunicati dalla Società o comunque trattati nel suo interesse soltanto per le finalità connesse con lo svolgimento della prestazione e l'adempimento del Contratto.

g)   Trattare i dati al massimo sino alla revoca della presente nomina e comunque non oltre la durata del Contratto. Nel caso in cui il diritto dell'Unione o italiano preveda la conservazione dei dati oltre tale termine dovrà darne immediatamente avviso al Titolare.

h)   Eseguire in ogni caso la cancellazione o la restituzione dei dati a richiesta del Titolare e comunque a non conservarli oltre il periodo massimo previsto dalla legge o dal Regolamento.

i)   Non trasferire i dati trattati verso un paese esterno all'UE o un'organizzazione internazionale, salvo che lo richieda il diritto dell'Unione o italiano, se non in presenza di espressa autorizzazione documentata da parte del Titolare. Nel primo caso il Dipendente dovrà informare il Titolare circa tale obbligo giuridico prima del trattamento, a meno che la legge vieti tale informazione per rilevanti motivi di interesse pubblico.

j)   Adottare tutte le misure richieste ai sensi dell'articolo 32 del Regolamento. In particolare il Dipendente dovrà, tenendo conto dello stato dell'arte e dei costi di attuazione, nonché della natura, dell'oggetto, del contesto e delle finalità del trattamento, come anche del rischio di varia probabilità e gravita`per i diritti e le libertà delle persone fisiche, mettere in atto misure tecniche e organizzative adeguate per garantire un livello di sicurezza adeguato al rischio.

k)   Assistere il Titolare con misure tecniche e organizzative adeguate, nella misura in cui ciò sia possibile, al fine di soddisfare l'obbligo del Titolare di dare seguito alle richieste per l'esercizio dei diritti dell'interessato di cui al capo III del Regolamento.

l)   Assistere il Titolare nel garantire il rispetto degli obblighi di cui agli articoli da 32 a 36 del Regolamento. In particolare Lei dovrà comunicare al Titolare, tempestivamente e comunque non oltre le 24 ore dal verificarsi della stessa, qualsiasi violazione dei dati personali, come definita dall'art. 4 del Regolamento, di cui dovesse venire a conoscenza. In aggiunta il

Dipendente dovrà comunicare e successivamente collaborare con il Titolare nel caso in cui le modalità con le quali effettua uno o più trattamenti possano determinare la necessità di una Valutazione d'impatto sulla protezione di dati.

m)   Mettere immediatamente a disposizione del Titolare tutte le informazioni necessarie per dimostrare il rispetto degli obblighi di cui al presente accordo e di cui al Regolamento nonché consentire e contribuire alle attività di revisione, comprese le ispezioni, realizzati dal Titolare o da altro soggetto da questi incaricato.

4.   GARANZIE E CONSEGUENZE DELL'INADEMPIMENTO

Il Dipendente si assume ogni responsabilità per le dichiarazioni, le garanzie e le obbligazioni incluse nel presente atto di nomina. Il Dipendente si obbliga a risarcire integralmente il Titolare per qualsiasi conseguenza pregiudizievole dovesse scaturire dall'inosservanza delle istruzioni del Titolare e/o dall'inadempimento alle obbligazioni di cui al presente atto di nomina. Il Dipendente prende atto che l'inadempimento di quanto previsto dalla presente nomina potrebbe dare luogo a sanzioni disciplinari.

(Data e Firma del Titolare e del Dipendente per
accettazione)

MODELLO NOMINA RESPONSABILE PARTICOLARE DEL TRATTAMENTO

(Da copiare su carta intestata della Società e modificare in accordo alle diverse esigenze)

ATTO DI NOMINA A RESPONSABILE PARTICOLARE DEL TRATTAMENTO

TRA

La Società_________________ con sede legale in _______________, nella persona di ___________ (di seguito anche il **"Titolare"**),

e

___________, codice fiscale ________________ (di seguito anche **"il Dipendente"**),

(d'ora in avanti congiuntamente indicate come le **"Parti"**)

PREMESSO CHE

- tra le Parti è in essere un contratto di lavoro (il "Contratto"), cui il presente atto di nomina è allegato;

•   Il Dipendente riveste mansioni di _________________ che comportano il trattamento di dati personali per conto del Titolare, ivi incluso il trattamento di dati sensibili *[verificare se tutti coloro i quali saranno nominati Responsabili particolari trattano effettivamente dati sensibili]*

•   Titolare del trattamento dei suddetti dati personali è _______________ poiché definisce le modalità e le finalità del trattamento stesso;

•   In virtù delle capacità, del ruolo e dell'esperienza del Dipendente il Titolare ha deciso di nominare, ai sensi di quanto previsto all'art. 28 del Regolamento 679/16 (di seguito **"il Regolamento"**), con il presente atto il Dipendente quale Responsabile Particolare del trattamento dei dati personali relativi a _________ svolto in base al Contratto.

Tutto ciò premesso le Parti convengono quanto segue.

1.   PREMESSE

1.1   Le premesse costituiscono parte integrante ed essenziale del presente atto di nomina.

2.   OGGETTO

2.1 Con il presente atto il Titolare nomina il Dipendente, che accetta, Responsabile particolare del trattamento in relazione alle operazioni di trattamento dati personali poste in essere in relazione ai dati citati in premessa, in virtù del Contratto.

2.2 I compiti assegnati al Dipendente sono esclusivamente quelli resi necessari dalle attività connesse alla prestazione delle attività di cui al punto che precede.

3. OBBLIGHI DEL RESPONSABILE PARTICOLARE DEL TRATTAMENTO

Nello svolgimento della prestazione e del trattamento di dati previsti dal Contratto e dalla presente nomina il Dipendente si impegna a:

a) Agire esclusivamente nell'ambito delle istruzioni ricevute dal Titolare e dal Responsabile Generale dallo stesso nominato e a segnalargli immediatamente qualora ritenga che un o più istruzioni ricevute violino il Regolamento o altre disposizioni di legge.

b)   Mantenere la massima riservatezza in merito alle informazioni e i dati di cui verrà a conoscenza per lo svolgimento della prestazione richiesta. I dati personali non dovranno essere diffusi o comunicati a terzi senza l'espressa autorizzazione del Titolare o del Responsabile Generale, salvo che ciò sia richiesto dalla legge o dalla pubblica autorità. In tale ultimo caso il Dipendente dovrà immediatamente darne notizia al Titolare e al Responsabile Generale da questo nominato.

c)   Svolgere l'incarico direttamente o per il tramite di dipendenti autorizzati dal Titolare. Il Dipendente non potrà ricorrere a un altro responsabile e delegare il trattamento affidatogli senza previa autorizzazione scritta del Titolare. Il Dipendente conferma che le persone autorizzate al trattamento dei dati personali si sono impegnate alla riservatezza o hanno un adeguato obbligo legale di riservatezza.

d)   Trattare i dati nel rispetto dei principi propri del Regolamento con specifico riferimento a quelli di liceità, correttezza, trasparenza, adeguatezza, pertinenza, limitatezza, esattezza. I dati dovranno essere aggiornati e conservati in una forma che consenta l'identificazione degli interessati per un periodo di tempo non superiore al conseguimento delle finalità per le quali sono trattati nonché trattati in modo che non sia incompatibile con le finalità per cui sono raccolti.

e)   Qualora nel corso dello svolgimento della prestazione o della vigenza del Contratto dovesse venire a conoscenza di un motivo per cui uno dei principi di cui al punto precedente non è o non può essere rispettato, informarne immediatamente il Titolare e/o il Responsabile Generale dallo stesso nominato.

f)   Trattare i dati personali comunicati dalla Società o comunque trattati nel suo interesse soltanto per le finalità connesse con lo svolgimento della prestazione e l'adempimento del Contratto.

g)   Trattare i dati al massimo sino alla revoca della presente nomina e comunque non oltre la durata del Contratto. Nel caso in cui il diritto dell'Unione o italiano preveda la conservazione dei dati oltre tale termine dovrà darne immediatamente avviso al Titolare e/o dal Responsabile Generale dallo stesso nominato.

h)   Eseguire in ogni caso la cancellazione o la restituzione dei dati a richiesta del Titolare e/o del Responsabile Generale dallo stesso nominato e comunque a non conservarli oltre il periodo massimo previsto dalla legge o dal Regolamento.

i)   Non trasferire i dati trattati verso un paese esterno all'UE o un'organizzazione internazionale, salvo che lo richieda il diritto dell'Unione o italiano, se non in presenza di espressa autorizzazione documentata da parte del Titolare e/o del Responsabile Generale dallo stesso nominato. Nel primo caso il Dipendente dovrà informare il Titolare e/o il Responsabile Generale dallo stesso nominato circa tale obbligo giuridico prima del trattamento, a meno che la legge vieti tale informazione per rilevanti motivi di interesse pubblico.

j)   Adottare tutte le misure richieste ai sensi dell'articolo 32 del Regolamento. In particolare il Dipendente dovrà, tenendo conto dello stato dell'arte e dei costi di attuazione, nonché della natura, dell'oggetto, del contesto e delle finalità del trattamento, come anche del rischio di varia probabilità e gravità per i diritti e le libertà delle persone fisiche, mettere in atto misure tecniche e organizzative adeguate per garantire un livello di sicurezza adeguato al rischio.

k)   Assistere il Titolare con misure tecniche e organizzative adeguate, nella misura in cui ciò sia possibile, al fine di soddisfare l'obbligo del Titolare e/o del Responsabile Generale dallo stesso nominato stesso di dare seguito alle richieste per l'esercizio dei diritti dell'interessato di cui al capo III del Regolamento.

l)   Assistere il Titolare e/o il Responsabile Generale dallo stesso nominato nel garantire il rispetto degli obblighi di cui agli articoli da 32 a 36 del Regolamento. In particolare Lei dovrà comunicare al Titolare e/o al Responsabile Generale dallo stesso nominato, tempestivamente e comunque non oltre le 24 ore dal verificarsi della stessa, qualsiasi violazione dei dati personali, come definita dall'art. 4 del Regolamento, di cui dovesse venire a conoscenza.

In aggiunta il Dipendente dovrà comunicare e successivamente collaborare con il Titolare e/o il Responsabile Generale dallo stesso nominato nel caso in cui le modalità con le quali effettua uno o più trattamenti possano determinare la necessità di una Valutazione d'impatto sulla protezione di dati.

m)   Mettere immediatamente a disposizione del Titolare e/o dal Responsabile Generale dallo stesso nominato tutte le informazioni necessarie per dimostrare il rispetto degli obblighi di cui al presente accordo e di cui al Regolamento nonché consentire e contribuire alle attività di revisione, comprese le ispezioni, realizzati dal Titolare, dal Responsabile Generale dallo stesso nominato o da altro soggetto da questi incaricato.

4.   GARANZIE E CONSEGUENZE DELL'INADEMPIMENTO

Il Dipendente si assume ogni responsabilità per le dichiarazioni, le garanzie e le obbligazioni incluse nel presente atto di nomina. Il Dipendente si obbliga a risarcire integralmente il Titolare per qualsiasi conseguenza pregiudizievole dovesse scaturire dall'inosservanza delle istruzioni del Titolare e/o dall'inadempimento alle obbligazioni di cui al presente atto di nomina. Il Dipendente prende atto che l'inadempimento di quanto previsto dalla presente nomina potrebbe dare luogo a sanzioni disciplinari.

(Data e Firma del Titolare e del Dipendente per accettazione)

MODELLO NOMINA SOGGETTO AUTORIZZATO AL TRATTAMENTO

(Da copiare su carta intestata della Società e modificare in accordo alle diverse esigenze)

ATTO DI NOMINA A SOGGETTO AUTORIZZATO AL TRATTAMENTO

TRA

La Società________________ con sede legale in ________________, nella persona di ____________ (di seguito anche il "**Titolare**"),

e

__________, codice fiscale ___________________ (di seguito anche "**il Dipendente**"),

(d'ora in avanti congiuntamente indicate come le "**Parti**")

PREMESSO CHE

·   tra le Parti è in essere un contratto di lavoro (il "**Contratto**"), cui il presente atto di nomina è allegato;

•   Il Dipendente riveste mansioni di
______________ che comportano il trattamento di dati personali per conto del Titolare, *ivi incluso il trattamento di dati sensibili [opzionale]*

•   Titolare del trattamento dei suddetti dati personali è ____________ poiché definisce le modalità e le finalità del trattamento stesso;

•   In virtù delle capacità, del ruolo e dell'esperienza del Dipendente il Titolare ha deciso di nominare, ai sensi di quanto previsto all'art. 28 del Regolamento 679/16 (di seguito **"il Regolamento"**), con il presente atto il Dipendente quale Responsabile Particolare del trattamento dei dati personali relativi a __________ svolto in base al Contratto.

Tutto ciò premesso le Parti convengono quanto segue.

1.   PREMESSE

1.1   Le premesse costituiscono parte integrante ed essenziale del presente atto di nomina.

2.   OGGETTO

2.1 Con il presente atto il Titolare nomina il Dipendente, che accetta, Soggetto Autorizzato al trattamento in relazione alle operazioni di trattamento dati personali poste in essere in relazione ai dati citati in premessa, in virtù del Contratto.

2.2   I compiti assegnati al Dipendente sono esclusivamente quelli resi necessari dalle attività connesse alla prestazione delle attività di cui al punto che precede.

3.   OBBLIGHI DEL SOGGETTO AUTORIZZATO AL TRATTAMENTO

Nello svolgimento della prestazione e del trattamento di dati previsti dal Contratto e dalla presente nomina il Dipendente si impegna ad agire esclusivamente nell'ambito delle istruzioni ricevute dal Titolare e/o dal Responsabile Generale e/o dal Responsabile particolare di funzione nonché nel rispetto della privacy policy adottata dal Titolare che lo stesso dichiara di conoscere ed in merito alla quale, costantemente aggiornata e pubblicata su____________, il Dipendente si impegna sin da ora a mantenersi aggiornato.

Il Dipendente non potrà in nessun caso svolgere l'incarico per mezzo di soggetti terzi e dovrà mantenere la massima riservatezza in merito alle informazioni e i dati di cui verrà a conoscenza per lo svolgimento della prestazione richiesta. I dati personali non dovranno essere diffusi o comunicati a terzi senza l'espressa autorizzazione del Titolare o del Responsabile Generale o del Responsabile particolare di funzione, salvo che ciò sia richiesto dalla legge o dalla pubblica autorità. In tale ultimo caso il Dipendente dovrà immediatamente darne notizia al Titolare e/o al Responsabile Generale e/o al Responsabile particolare di funzione.

Il Dipendente prende atto che l'inadempimento di quanto previsto dalla presente nomina o dai documenti ed istruzioni cui la stessa fa riferimento potrebbe dare luogo a sanzioni disciplinari ed all'obbligo di risarcire l'eventuale danno cagionato.

(Data e Firma del Titolare e del Dipendente per accettazione)

AGENTI COMMERCIALI - MODELLO NOMINA RESPONSABILE ESTERNO DEL TRATTAMENTO

(Da copiare su carta intestata della Società e modificare in accordo alle diverse esigenze)

ATTO DI NOMINA A RESPONSABILE ESTERNO DEL TRATTAMENTO

TRA

La Società______________________, con sede in ________________, nella persona di __________, (di seguito anche il **"Titolare"**),

e

__________ con sede legale in ________, codice fiscale e partita IVA n. _____, *in persona del proprio rappresentante legale [opzionale se società]*(di seguito anche **"l'Agente"**),

(d'ora in avanti congiuntamente indicate come le **"Parti"**)

PREMESSO CHE

· tra le Parti è in essere un contratto di agenzia con il quale l'Agente ha assunto l'incarico di promuovere le vendite di_____ nel mercato _____ per conto del Titolare (il **"Contratto"**), cui il presente atto di nomina è allegato;

· per la conclusione dei contratti di assicurazione per conto del Titolare, l'Agente effettuerà operazioni di trattamento di dati personali *ivi incluso il trattamento di dati sensibili [opzionale]*;

· Titolare del trattamento dei suddetti dati personali è _____________ poiché definisce le modalità e le finalità del trattamento stesso;

· l'Agente dichiara e garantisce di essere in possesso dei requisiti previsti dall'art. 28 del Regolamento UE679/16 (di seguito **"Regolamento"**) al fine di garantire la piena conformità del trattamento dei dati che deve essere effettuato in base al Contratto con la normativa in materia di protezione deidati personali, ivi comprese tutte le previsioni vigenti riguardo alla sicurezza;

· ai sensi di quanto previsto all'art. 28 del Regolamento, con il presente atto il Titolare nomina

_______________ Responsabile esterno del trattamento dei dati personali con riferimento al trattamento svolto in base al Contratto.

Tutto ciò premesso le Parti convengono quanto segue.

1. PREMESSE

1.1 Le premesse costituiscono parte integrante ed essenziale del presente atto di nomina.

2. OGGETTO

2.1 Con il presente atto il Titolare nomina l'Agente che accetta, Responsabile esterno del trattamento in relazione alle operazioni di trattamento dati personali poste in essere ai fini del Contratto.

2.2 I compiti assegnati all'Agente sono esclusivamente quelli resi necessari dalle attività connesse al Contratto.

3. OBBLIGHI DEL RESPONSABILE ESTERNO DEL TRATTAMENTO

Nell'esecuzione del Contratto e dalla presente nomina l'Agente si impegna a:

a)   Agire esclusivamente nell'ambito delle istruzioni ricevute dal Titolare e segnalargli immediatamente qualora ritenga che un o più istruzioni ricevute violino il Regolamento o altre disposizioni di legge.

b)   Mantenere la massima riservatezza in merito alle informazioni e i dati di cui verrà a conoscenza nello svolgimento della prestazione prevista dal Contratto. I dati personali non dovranno essere diffusi senza l'espressa autorizzazione del Titolare, salvo che ciò sia richiesto dalla legge o dalla pubblica autorità. In tale ultimo caso l'Agente dovrà immediatamente darne notizia al Titolare. I dati potranno essere comunicati ai terzi se legittimati a riceverli per il corretto svolgimento del rapporto assicurativo o se richiesto dalla legge o dalla pubblica autorità. Fatto salvo quanto sopra i dati personali non dovranno essere comunicati a terzi senza l'espressa autorizzazione del Titolare

c)   Svolgere l'incarico direttamente o per il tramite di personale o ausiliari di qualsiasi genere debitamente formati, istruiti, nominati allo scopo. L'Agente non potrà ricorrere a un altro responsabile e delegare il trattamento affidatogli senza previa autorizzazione scritta del Titolare. L'Agente garantisce che le persone autorizzate al trattamento dei dati personali si sono impegnate alla riservatezza o hanno un adeguato obbligo legale di riservatezza.

d)   Trattare i dati nel rispetto dei principi propri del Regolamento con specifico riferimento a quelli di liceità, correttezza, trasparenza, adeguatezza, pertinenza, limitatezza, esattezza. I dati dovranno essere aggiornati e conservati in una forma che consenta l'identificazione degli interessati per un periodo di tempo non superiore al conseguimento delle finalità per le quali sono trattati nonché trattati in modo che non sia incompatibile con le finalità per cui sono raccolti.

e)   Qualora nel corso dell'esecuzione o della vigenza del Contratto dovesse venire a conoscenza di un motivo per cui uno dei principi di cui al punto precedente non è o non può essere rispettato, informarne immediatamente il Titolare.

f)   Trattare i dati personali comunicati dalla Società o comunque trattati nel suo interesse soltanto per le finalità connesse con l'esecuzione e l'adempimento del Contratto.

g)   Trattare i dati al massimo sino alla revoca della presente nomina e comunque non oltre la durata del Contratto. Nel caso in cui il diritto dell'Unione o italiano preveda la conservazione dei dati oltre tale termine dovrà darne immediatamente avviso al Titolare.

h)   Eseguire in ogni caso la cancellazione o la restituzione dei dati a richiesta del Titolare e comunque a non conservarli oltre il periodo massimo previsto dalla legge o dal Regolamento.

i)   Non trasferire i dati trattati verso un paese esterno alla UE o un'organizzazione internazionale, salvo che lo richieda il diritto dell'Unione o italiano, se non in presenza di espressa autorizzazione documentata da parte del Titolare. Nel primo caso l'Agente dovrà informare il Titolare circa tale obbligo giuridico prima del trattamento, a meno che la legge vieti tale informazione per rilevanti motivi di interesse pubblico.

j)   Adottare tutte le misure richieste e necessarie ai sensi dell'articolo 32 del Regolamento. In particolare l'Agente dovrà, tenendo conto della natura, dell'oggetto, del contesto e delle finalità del trattamento, mettere in atto misure tecniche e organizzative adeguate per garantire un livello di sicurezza adeguato al rischio.

k)   Collaborare con il Titolare con misure tecniche e organizzative adeguate, nella misura in cui ciò sia possibile, al fine di soddisfare l'obbligo del Titolare stesso di dare seguito alle richieste per l'esercizio dei diritti dell'interessato di cui al capo III del Regolamento.

l)   Collaborare con il Titolare per garantire il rispetto degli obblighi di cui agli articoli da 32 a 36 del Regolamento. In particolare Lei dovrà comunicare al Titolare tempestivamente e comunque non oltre le 24 ore dal verificarsi della stessa qualsiasi violazione dei dati personali, come definita dall'art. 4 del Regolamento, di cui dovesse venire a conoscenza. In aggiunta l'Agente dovrà collaborare con il Titolare nel caso in uno o più trattamenti possano determinare la necessità di una Valutazione d'impatto sulla protezione di dati da parte del Titolare.

m)   Verificare la conformità alla vigente normativa in materia di tutela dei dati personali dei rapporti con i soggetti terzi, degli accordi contrattuali esistenti con i suoi fornitori.

n)   Consegnare all'Interessato, al momento della sottoscrizione dei documenti contrattuali, l'informativa ai sensi dell'art. 13 del Regolamento, *raccogliere il consenso al trattamento dei dati se utilizzati con finalità di inviare newsletter, comunicazioni di natura pubblicitaria, o a finalità di marketing [facoltativo]* e darne comunicazione tempestiva al Titolare.

o)   Mettere immediatamente a disposizione del Titolare tutte le informazioni necessarie per dimostrare il rispetto degli obblighi di cui al presente accordo e di cui al Regolamento nonché consentire e contribuire alle attività di revisione, comprese le ispezioni, realizzati dal Titolare o da altro soggetto da questi incaricato.

4.   GARANZIE E CONSEGUENZE DELL'INADEMPIMENTO

L'Agente si assume ogni responsabilità per le dichiarazioni, le garanzie e le obbligazioni incluse nel presente atto di nomina. L'Agente si obbliga a risarcire integralmente il Titolare per qualsiasi conseguenza pregiudizievole dovesse scaturire dall'inosservanza delle istruzioni del Titolare e/o dall'inadempimento alle obbligazioni di cui al presente atto di nomina.

(Data e Firma del Titolare e dell'Agente per accettazione)

MODELLO NOMINA MEDICO COMPETENTE QUALE RESPONSABILE DEL TRATTAMENTO

Il modello proposto inquadra il medico competente per la sorveglianza quale responsabile del trattamento dei dati, anche sensibili, da lui trattati nell'esecuzione del suo incarico professionale. In alternativa può essere utilizzato anche il modello generico per la nomina di Responsabile Esterno.

(Da copiare su carta intestata della Società e modificare in accordo alle diverse esigenze)

Modello di nomina del medico competente per i lavoratori dipendenti sottoposti a sorveglianza sanitaria quale responsabile del trattamento

Egr. dr..

Nell'ambito dell'incarico professionale assegnato, Le comunichiamo la nomina a responsabile del trattamento delle banche dati di seguito individuate e di quelle che in futuro le verranno affidate nell'ambito dello stesso incarico quale medico competente per lo svolgimento dei compiti previsti dal D.Lgs.vo n. 626/1994.

Nell'espletamento del suo incarico dovrà attenersi alle disposizioni vigenti disposte dalla legislazione in materia di igiene e sicurezza nei luoghi di lavoro, e specificatamente

1) I dati personali per i quali Le viene conferito l'incarico potranno essere trattati con il supporto di mezzi cartacei, informatici o telematici (indicare le esatte modalità di trattamento utilizzate) per effettuare, in conformità alle norme di legge, la sorveglianza sanitaria prevista dall'art. 16 del D.Lgs.vo n. 626/1994.

2) Ferme restando le comunicazioni agli organi sanitari di controllo competenti eseguite in adempimento di specifici obblighi di legge, i soli giudizi sull'inidoneità verranno da Lei comunicati per iscritto al datore di lavoro ed allo stesso dipendente interessato.

3) In qualità di medico competente potrà trattare anche dati che la legge definisce "sensibili" in quanto idonei a rilevare lo stato di salute nell'espletamento dei compiti assegnati dal D.Lgs.vo n.626/1994, e specificatamente nell'effettuazione di:

- accertamenti preventivi sull'idoneità alla mansione specifica;

- accertamenti periodici per controllare lo stato di salute deldipendente ed esprimere il giudizio di idoneità alla mansione specifica;

4) Tutti i dati predetti verranno conservati sotto la esclusiva e diretta responsabilità dello stesso medico competente mediante l'istituzione di una cartella sanitaria e di rischio custodita presso il datore di lavoro. Lei dovrà coordinarsi con l'azienda per l'individuazione e l'applicazione delle necessarie misure di sicurezza atte a garantire la riservatezza ed integrità dei dati.

5) Il medico competente deve garantire al dipendente interessato tutti i diritti previsti dal Regolamento vigente e i diritti di informazione previsti dalle norme sull'igiene e la sicurezza nei luoghi di lavoro.

6) I dati della cartella sanitaria, dopo la risoluzione del rapporto di lavoro, dovranno essere consegnati in copia al dipendente, e, nei

casi previsti, consegnati in originale all'ente competente.

(Data e firma di Legale rappresentante e del medico per accettazione)

MODELLO NOMINA DEL CUSTODE DELLE COPIE DELLE CREDENZIALI

La figura del "custode delle copie delle credenziali per l'autenticazione" nel caso di trattamenti informatici, è una figura già prevista ("custode delle parole chiave") dal precedente regolamento sulle misure di sicurezza (D.P.R. n. 318/99).

Questa figura non è prevista strettamente dal Regolamento (UE) 2016/679 ma rientra nelle "adeguate misure tecniche".

A mio avviso, in presenza di un sistema opportunamente strutturato, in cui l'unico a possedere le password di amministratore è l'amministratore di sistema, è una figura non necessaria e superflua in quanto l'amministratore di sistema può sempre e in qualsiasi momento accedere ai dispositivi in caso di emergenza (ad esempio assenza improvvisa del dipendente o semplicemente smarrimento della password).

La soluzione migliore è lavorare su un server o in cloud (adeguatamente protetti e con una politica di permessi), chiedendo ai dipendenti di non salvare mai nulla in locale, con particolare riferimento alle informazioni che potrebbero occorre nell'esecuzione del lavoro.

Diversamente, il custode rientra misure minime di sicurezza di tipo informatico e può coincidere con il responsabile del trattamento. Assume dei precisi compiti operativi nella gestione, modifica e custodia delle password assegnate al personale dipendente.

(Da copiare su carta intestata della Società e modificare in accordo alle diverse esigenze)

Modello di lettera di nomina per il custode delle parole chiave

Egr. Signor...

Le norme che regolamentano l'attuazione delle misure minime obbligatorie per la sicurezza nel trattamento dei dati personali, impongono che ogni incaricato del trattamento dei dati sia munito di credenziali per l'autenticazione costituito da un codice per l'identificazione (user id) associato ad una parola chiave riservata (password)[7] per l'accesso ai dati personali presenti nei singoli elaboratori e/o nei sistemi informatici in rete.

---

[7] Il disciplinare tecnico prevede la possibilità di altri sistemi, quali l'autenticazione biometrica dell'incaricato, eventualmente abbinata aduna password

L'assegnazione, la gestione e la variazione della parola chiave deve essere caratterizzata dalla riservatezza: a tal fine la scrivente Società ha inteso avviare un processo per la individuazione e la nomina di un "soggetto incaricato della loro custodia".

In considerazione delle mansioni da Lei svolte in azienda e della sua qualificazione professionale, viene, pertanto incaricato "custode delle parole chiave riservate" attribuite ai singoli incaricati al trattamento in azienda.

Nell'espletamento delle sue funzioni dovrà applicare le misure di sicurezza disposte dall'impresa e, specificatamente, nelle gestione delle parole chiave dovrà:

- ricevere dai singoli incaricati del trattamento comunicazione riservata della sostituzione di password effettuata;

- custodire le stesse parole chiave con modalità (fisiche ed organizzative) atte a garantire la segretezza delle stesse parole chiave e la loro integrità *(rinviare o richiamare quelle predisposte dall'azienda o fissate nell'eventuale documento programmatico sulla sicurezza);*

- collaborare con il responsabile del trattamento e/o con l'amministratore del sistema (*se nominati*) per la corretta gestione delle misure di sicurezza relative alle stesse parole chiave.

- intervenire sul profilo autorizzativo del singolo incaricato per permettere alla stessa azienda, titolare del trattamento, di accedere ai dati trattati da ogni incaricato con le modalità fissate dalla stessa azienda, al solo fine di garantire l'operatività, la sicurezza del sistema ed il normale svolgimento dell'attività aziendale in caso di prolungata assenza od impedimento dell'incaricato che renda indispensabile ed indifferibile l'intervento.

- informare tempestivamente l'incaricato dell'intervento di accesso realizzato.

(Data e firma del Custode e del Titolare/Responsabile)

INFORMATIVE

INFORMATIVA DIPENDENTI

In base al Codice sulla Privacy, per la gestione corretta del rapporto di lavoro (sia esso di qualsiasi natura), l'azienda è chiamata ad assolvere ai due obblighi fondamentali imposti a tutela dell'interessato: informare compiutamente il dipendente sui trattamenti che si intendono effettuare e chiedere, di conseguenza, un consenso consapevole.

Il modello proposto si riferisce ai trattamenti necessari in base alle norme vigenti per la gestione del rapporto di lavoro.

Il Codice ammette il trattamento dei dati sensibili anche senza il consenso dell'interessato, (rispettando sempre le autorizzazioni generali del Garante), solo in alcuni casi tassativi, tra i quali, "quando è necessario per adempiere a specifici obblighi o compiti previsti dalla legge, da un regolamento o dalla normativa comunitaria per la gestione del rapporto di lavoro, anche in materia di igiene e sicurezza del lavoro e della popolazione e di previdenza e assistenza, nei limiti previsti dall'autorizzazione e ferme restando le disposizioni del Codice di deontologia e di buona condotta di cui all'articolo 111" (art. 26 – 4°comma,lett. d del codice).

INFORMATIVA SUL TRATTAMENTO DEI DATI PERSONALI PER I DIPENDENTI

La Società____________ (di seguito, per brevità, **"Società"** o **"il Titolare"**) desidera informarLa, ai sensi della normativa applicabile in materia di protezione dei dati personali, ivi incluso il Regolamento Europeo 679/2016 relativo alla protezione dei dati personali (**«Regolamento»**), che i dati personali da Lei forniti in sede di instaurazione del rapporto di lavoro e in costanza di esso, saranno trattati nel rispetto delle disposizioni legislative e contrattuali vigenti per le finalità e con le modalità di seguito indicate. In alcune circostanze alcuni dati potrebbero essere raccolti anche presso terzi, ove necessario e sempre nel rispetto della normativa applicabile.

1. Identità e dati di contatto del Titolare del trattamento e del Responsabile della protezione dei dati

Il Titolare del trattamento è ____________, con sede legale in ______, ______(di seguito, il **«Titolare»**), il Responsabile della protezione dei dati è il Sig. ________, domiciliato per la carica presso la sede legale del Titolare, indirizzo email ______________ (di seguito, il **«Responsabile»**).

2. Categorie di dati personali, finalità e base giuridica del trattamento

Con riferimento a Lei, la Società tratterà principalmente le seguenti categorie di dati personali: *[inserire eventuali altri dati trattati]*

a) **dati identificativi e di contatto** quali, a titolo di esempio, nome, cognome, data di nascita, codice fiscale, indirizzo, contatti telefonici, residenza, stato civile, stato di famiglia;

b) **dati relativi all'attività lavorativa** quali, a titolo di esempio, incarichi ricoperti, data di assunzione, presenze, numero di matricola, ruolo aziendale, orari e presenze di lavoro, dati relativi alle trasferte, pianificazione attività, altri dati relativi all'attività lavorativa, dati necessari alla partecipazione ad eventi formativi, curriculum lavorativo, dati di performance, dati relativi all'anzianità di servizio, retribuzione ed eventuali benefit, permessi, assenze, dati contenuti nelle cartelle di lavoro, valutazioni periodiche;

c) **dati relativi all'instaurazione, gestione e cessazione del rapporto di lavoro** quali, a titolo di esempio, retribuzione, premi, TFR, contributi sociali e assicurativi, estremi del conto corrente bancario, permessi e ferie fruiti e residui, trasferte e trasferimenti ad altre sedi, indennità varie e incentivi;

d) **dati fiscali e reddituali** quali, a titolo di esempio, codice fiscale, cessione del quinto, pignoramenti in essere;

e) **dati previdenziali;**

f) **dati relativi ad eventuali procedimenti di carattere disciplinare ed eventuali procedimenti contenziosi;**

g) **dati acquisiti in relazione all'utilizzo di beni aziendali a Lei concessi in uso,** quali, ad esempio, contravvenzioni al codice della strada, dati relativi all'utilizzo delle carte di credito aziendali, dati relativi ad utenze telefoniche aziendali e **dati relativi alle spese eventualmente sostenute per lo svolgimento delle mansioni.**

I dati personali sopraindicati sono trattati per le seguenti finalità e sulla base delle seguenti condizioni di liceità:

1.   adempimento degli obblighi connessi alla gestione del rapporto di lavoro previsti da qualunque disposizione di ogni specie e grado nonché degli obblighi previsti dal CCNL e dagli accordi collettivi applicabili, nonché dal contratto individuale di lavoro; in tale ipotesi la liceità del trattamento si fonda sulla necessità di assolvere gli obblighi legali connessi all'instaurazione e gestione del rapporto di lavoro (art. 6.1, lett. b e c del Regolamento);

2.   gestione dell'eventuale contenzioso e tutela dei diritti della Società; in tale ipotesi la liceità del trattamento si fonda sulla necessità del perseguimento del legittimo interesse della Società (art. 6.1, lett. f) del Regolamento).

Per tali finalità non occorre il Suo consenso.

Particolari categorie di dati personali ex art. 9 Regolamento: il trattamento di tali dati avrà per oggetto i dati strettamente pertinenti agli obblighi, compiti o finalità connesse alla gestione del rapporto di lavoro e che non possano essere adempiuti o realizzati mediante il trattamento di dati anonimi o di dati personali di natura diversa, i quali possono comprendere i seguenti dati:

h) **dati idonei a rivelare lo stato di salute** (documentazione relativa ad una situazione di invalidità ai fini di un avviamento obbligatorio; certificati di malattia, maternità, infortunio, anche a fini di documentazione delle assenze dal lavoro; referti medici in caso di malattia ai fini del pagamento della relativa indennità; anticipazione del TFR per motivi di salute; dati relativi all'inidoneità al lavoro per l'assegnazione a specifiche mansioni; esposizioni a fattori di rischio; dati concernenti l'inabilità al lavoro ai fini della fruizione dell'assegno per il nucleo familiare; dati per la trasmissione alle compagnie di assicurazione della documentazione medica necessaria per la fruizione dell'assistenza assicurativa della Società in caso di rivalsa);

i) **dati idonei a rivelare l'adesione ad un sindacato** (assunzione di cariche sindacali al fine di fruire di permessi; oppure per la richiesta di trattenuta sullo stipendio per il pagamento di quote associative);

j)   **dati idonei a rivelare l'adesione ad un partito politico** (al fine della richiesta di permessi o di aspettative per rivestire cariche pubbliche elettive) o opinioni filosofiche (es. obiezione di coscienza);

k)   **dati relativi alla fede religiosa ed alle convinzioni filosofiche** (es.per la fruizioni di permessi o festività religiose, per il servizio di mensa, per l'esecuzione di trasferte in Paesi esteri che richiedono tali indicazioni per la concessione del visto, etc.);

l)   **dati relativi alla donazione del sangue o all'appartenenza ad associazioni di volontariato** (es. VVF o Protezione civile) ai fini della gestione dei giustificativi di assenza o la richiesta di rimborso a enti pubblici.

<u>In particolare, i Suoi dati relativi alla salute e altre particolari categorie di dati saranno trattati esclusivamente per le seguenti finalità e sulla base delle seguenti condizioni di liceità:</u>

a)   per adempiere o per esigere l'adempimento di specifici obblighi o per eseguire specifici compiti previsti dalla normativa comunitaria, da leggi, da regolamenti o da contratti collettivi, in particolare ai fini dell'instaurazione, gestione ed estinzione del rapporto di lavoro, nonché del riconoscimento di agevolazioni ovvero dell'erogazione di contributi, dell'applicazione della normativa in materia di previdenza ed assistenza anche integrativa, o in materia di igiene e sicurezza del lavoro o della popolazione, nonché in materia fiscale, sindacale, di tutela della salute, dell'ordine e della sicurezza pubblica. Il trattamento potrebbe anche avere la finalità di salvaguardare la vita o l'incolumità fisica del lavoratore o di un terzo. <u>Per tali finalità non occorre il consenso poiché il trattamento è necessario per eseguire gli obblighi derivanti dal contratto di lavoro e per adempiere agli obblighi previsti dalla legge (art. 6.1, lett. b e c del Regolamento) o della specifica ipotesi di salvaguardia dell'incolumità fisica dell'interessato o di un terzo (Regolamento art 6.1, lett. d). In tali casi il trattamento è fondato sulle condizioni di liceità di cui all'art. 9.2, lett. b, c e h,</u>

<u>rispettivamente connesse alla necessità di assolvere gli obblighi ed esercitare i diritti specifici del titolare del trattamento o dell'interessato in materia di diritto del lavoro e della sicurezza sociale e protezione sociale, necessità di tutelare un interesse vitale dell'interessato e a finalità di medicina preventiva e del lavoro.</u>

Le rendiamo noto che alcuni dei dati di cui sopra (a titolo esemplificativo, status maritale, carichi familiari e quant'altro) potrebbero essere relativi anche a componenti del Suo nucleo familiare. Nel momento in cui ci comunicherà tali dati Lei dichiara, sotto la propria responsabilità, di aver mostrato o contenuti della presente informativi agli interessati e che gli stessi sono stati compresi e – per quanto occorrer possa – accettati.

3. Modalità del trattamento e natura del conferimento

I dati personali saranno trattati dalla Società con sistemi informatici e cartacei secondo i principi di correttezza, lealtà e trasparenza previsti dalla normativa applicabile in materia di protezione dei dati personali e tutelando la Sua riservatezza e i Suoi diritti mediante l'adozione d'idonee misure tecniche ed organizzative per garantire un livello di sicurezza adeguato al rischio.

Il conferimento e l'aggiornamento dei Suoi dati personali è obbligatorio in base a normative vigenti (in materia fiscale, assistenziale, previdenziale, a tutela della salute dei lavoratori sui luoghi di lavoro o altre) o per lo svolgimento del rapporto di lavoro. Il conferimento di alcuni dati richiesti è obbligatorio per l'adempimento di prestazioni o la concessione di benefici in Suo favore (ad es. i carichi familiari). Senza tali dati, non sarà possibile instaurare o - in talune circostanze - proseguire il rapporto di lavoro o comunque dar corso alle Sue richieste o comunque ai benefici per i quali tali dati sono richiesti e comunicati.

4. Conservazione dei dati

Tutti i dati a Lei riferibili saranno conservati nel rispetto degli obblighi civilistici e fiscali[8]. La maggior parte dei dati di cui sopra sarà conservata per tutto il Suo rapporto di lavoro. Una volta concluso il rapporto di lavoro, a tutela dei diritti della Società, i dati saranno conservati –

---

[8] Ad esempio obbligo civilistico di conservare le scritture contabili e ulteriore corrispondenza aziendale per 10 anni

in modo da essere accessibili solo in caso di necessità – per un periodo di tempo corrispondente al periodo di prescrizione di eventuali diritti che Lei possa vantare nei confronti della Società. Tale periodo varia a seconda del tipo di dato e dell'eventuale intervento di cause interruttive o sospensive della prescrizione medesima.

5. Destinatari dei dati

I Suoi dati non saranno oggetto di diffusione ma, per le finalità sopra indicate e nel rispetto dei principi del Regolamento, potranno essere comunicati a: altri dipendenti della Società, i suoi collaboratori, consulenti e professionisti (in particolare, a mero titolo esemplificativo: medico competente; commercialisti e studi paghe incaricati; avvocati; consulenti tecnici, in qualità di Responsabili esterni al trattamento dei dati). Nell'adempimento di obblighi di legge, di quelli derivanti dal rapporto di lavoro o su Sua richiesta di dati potrebbero essere comunicati a enti pubblici, pubblica autorità, fondi o casse di previdenza, istituti di credito. Suoi familiari o affini, ove strettamente necessario alla Sua salvaguardia.

6. Trasferimento dei dati

I Suoi dati saranno conservati presso la sede della Società e i suoi server (entrambi siti in Italia, presso la sede della Società[9]), non saranno oggetto di trasferimento al di fuori della UE[10]. I dati saranno altresì conservati, in formato digitale, all'interno del database fornito da ______,situato ______.

7. Diritti dell'interessato

L'interessato potrà esercitare, in relazione al trattamento dei dati ivi descritto, i diritti previsti dalla normativa applicabile in materia di protezione dei dati personali, ivi incluso il diritto di:

§ ricevere conferma dell'esistenza dei suoi dati personali e accedere al loro contenuto (diritti di accesso);

§ aggiornare, modificare e/o correggere i suoi dati personali (diritto di rettifica);

---

[9] Verificare sempre questa condizione

[10] Verificare sempre questa condizione

§ chiederne la cancellazione o la limitazione del trattamento dei dati trattati in violazione di legge compresi quelli di cui non è necessaria la conservazione in relazione agli scopi per i quali i dati sono stati raccolti o altrimenti trattati (diritto all'oblio e diritto alla limitazione);

§ opporsi al trattamento fondato sul legittimo interesse (diritto di opposizione)

§ revocare il consenso, ove prestato, senza pregiudizio per la liceità del trattamento basata sul consenso prestato prima della revoca;

§ proporre reclamo all'Autorità di controllo in caso di violazione della disciplina in materia di protezione dei dati personali;

§ ricevere copia dei dati in formato elettronico che lo riguardano resi nel contesto del contratto di lavoro (es.dati relativi agli stipendi, servizi di mobilità interni) e chiedere che tali dati siano trasmessi ad un altro titolare del trattamento (diritto alla portabilità dei dati).

Per esercitare tali diritti può rivolgersi in qualsiasi momento al Titolare, inviando la Sua richiesta al seguente indirizzo email *privacy@______.com* o mediante raccomandata a/r al seguente indirizzo: __________.

Il/la sottoscritto/a _______ dichiara di avere preso visione e letto in ogni sua parte la sopra estesa informativa di cui all'art. 13 del Regolamento Europeo 697/2016.

INFORMATIVA FORNITORI

I dati dei fornitori possono costituire "dati personali".

Occorre quindi integrare il modello di ordine di acquisto con una informativa completa sui trattamenti che si effettuano, inserendo in documenti contrattuali (condizioni generali di contratto, ordini, conferme d'ordine ...) una clausola apposita sulla privacy "clausola privacy".

Il modello proposto fa riferimento ai trattamenti strettamente inerenti all'esecuzione dei contratti in corso ed all'assolvimento degli obblighi fiscali relativi al rapporto.

INFORMATIVA PER FORNITORI DELLA SOCIETA'________

La Società________ (di seguito, per brevità, **"Società"**o **"il Titolare"**), in qualità di titolare del trattamento desidera informarLa, ai sensi della normativa applicabile in materia di protezione dei dati personali, ivi incluso il Regolamento Europeo 679/2016 relativo alla protezione dei dati personali (**«Regolamento»**), che i dati personali da Lei forniti in sede di instaurazione del rapporto e in costanza di esso, saranno trattati nel rispetto delle disposizioni legislative e contrattuali vigenti per le finalità e con le modalità di seguito indicate. In alcune circostanze alcuni dati potrebbero essere raccolti anche presso terzi, ove necessario e sempre nel rispetto della normativa applicabile.

1. Identità e dati di contatto del Titolare del trattamento e del Responsabile della protezione dei dati

Il Titolare del trattamento è ___________ (di seguito, il **«Titolare»**)., con sede legale _____________, il Responsabile della protezione dei dati è il sig. _________, domiciliato per la carica presso la sede legale del Titolare, indirizzo email _____________ (di seguito, il **«Responsabile»**).

2.Categorie di dati personali, finalità e base giuridica del trattamento

Il Titolare potrà trattare:

- dati identificativi e di contatto: nome e cognome o ragione sociale, codice fiscale o partita IVA, residenza o sede legale, indirizzo email, numero telefonico;

·   dati di natura fiscale o comunque necessari per eseguire o ricevere pagamenti.

<u>I dati personali sopra indicati sono trattati per le seguenti finalità e sulla base delle seguenti condizioni di liceità:</u>

1. adempiere agli obblighi derivanti dalla legge e/o dal contratto in essere con il Titolare, cui la presente informativa è allegata; in tale ipotesi la liceità del trattamento si fonda sulla necessità di assolvere gli obblighi legali connessi all'instaurazione e gestione del rapporto contrattuale (art. 6.1, lett. b e c del Regolamento);

2. gestione dell'eventuale contenzioso e tutela dei diritti della Società; in tale ipotesi la liceità del trattamento si fonda sulla necessità del perseguimento del legittimo interesse della Società (art. 6.1, lett. f del Regolamento).

<u>Per tali finalità non occorre il Suo consenso.</u>

3. Modalità del trattamento e natura del conferimento

I dati personali saranno trattati dalla Società con sistemi informatici e cartacei secondo i principi di correttezza, lealtà e trasparenza previsti dalla normativa applicabile in materia di protezione dei dati personali e tutelando la Sua riservatezza e i Suoi diritti mediante l'adozione d'idonee misure tecniche ed organizzative per garantire un livello di sicurezza adeguato al rischio.

Il conferimento e l'aggiornamento dei Suoi dati personali è obbligatorio in base a normative vigenti (in materia fiscale o altre) o per lo svolgimento del rapporto contrattuale. Senza tali dati, non sarà possibile instaurare o - in talune circostanze - proseguire il rapporto.

4. Conservazione dei dati

Tutti i dati a Lei riferibili saranno conservati nel rispetto degli obblighi civilistici e fiscali (ad esempio obbligo civilistico di conservare le scritture contabili e ulteriore corrispondenza aziendale per 10 anni) e comunque per la sola durata del contratto in essere. Una volta concluso il rapporto, a tutela dei diritti della Società, i dati saranno conservati – in modo da essere accessibili solo in caso di necessità – per un periodo di tempo corrispondente al periodo di prescrizione di eventuali diritti che Lei possa vantare nei confronti della Società. Tale periodo varia a seconda del tipo di dato e dell'eventuale intervento di cause interruttive o sospensive della prescrizione medesima.

5. Destinatari dei dati

I Suoi dati non saranno oggetto di diffusione ma, perle finalità sopra indicate e nel rispetto dei principi del Regolamento, potranno essere comunicati a: dipendenti della Società, i suoi collaboratori, consulenti e professionisti (in particolare, a mero titolo esemplificativo: commercialisti; consulenti tecnici, in qualità di Responsabili esterni al trattamento dei dati personali). Nell'adempimento di obblighi di legge, di quelli derivanti dal rapporto contrattuale o su Sua richiesta di dati potrebbero essere comunicati a enti pubblici, o alla pubblica autorità.

6. Trasferimento dei dati

I Suoi dati saranno conservati presso la sede della Società e i suoi server (entrambi siti in Italia, presso la sede della Società), e non saranno oggetto di trasferimento al di fuori della UE. I dati saranno altresì conservati, in formato digitale, all'interno del database fornito da _______, situato _______.

7. Diritti dell'interessato

L'interessato potrà esercitare, in relazione al trattamento dei dati ivi descritto, i diritti previsti dalla normativa applicabile in materia di protezione dei dati personali, ivi incluso il diritto di:

- ricevere conferma dell'esistenza dei suoi dati personali e accedere al loro contenuto (diritti di accesso);

- aggiornare, modificare e/o correggere i suoi dati personali (diritto di rettifica);

- chiederne la cancellazione o la limitazione del trattamento dei dati trattati in violazione di legge compresi quelli di cui non è necessaria la conservazione in relazione agli scopi per i quali i dati sono stati raccolti o altrimenti trattati (diritto all'oblio e diritto alla limitazione);

- opporsi al trattamento fondato sul legittimo interesse (diritto di opposizione);

- revocare il consenso, ove prestato, senza pregiudizio per la liceità del trattamento basata sul consenso prestato prima della revoca;

- proporre reclamo all'Autorità di controllo in caso di violazione della disciplina in materia di protezione dei dati personali;

- ricevere copia dei dati in formato elettronico che lo riguardano resi nel contesto del contratto stipulato con la Società e chiedere che tali dati siano trasmessi ad un altro titolare del trattamento (diritto alla portabilità dei dati).

Per esercitare tali diritti può rivolgersi in qualsiasi momento al Responsabile per la protezione dei dati, inviando la Sua richiesta al seguente indirizzo email ____________ o mediante raccomandata a/r al seguente indirizzo: ____________.

Il/la sottoscritto/a______ dichiara di avere preso visione e letto in ogni sua parte la sopra estesa informativa di cui all'art. 13 del Regolamento Europeo 697/2016.

(Data e Firma dell'interessato)

INFORMATIVA CLIENTI POTENZIALI (MARKETING)

Tutte le attività di marketing, le ricerche di mercato, l'invio di materiale pubblicitario effettuate mediante, posta elettronica, sms, instant message (WhatsApp, Skype ecc.), non possono essere svolte in assenza del preventivo consenso dell'interessato (cosiddetto sistema dell'OPT-IN), opportunamente informato del suo diritto di opporsi a tale genere di trattamento.

Ad esempio, via e-mail è possibile attivare un sistema sensibile di attivazione del consenso che invii automaticamente al mittente il consenso espresso con un semplice click del mouse nello spazio apposito.

L'utilizzo di altri mezzi di comunicazione (la posta cartacea) non necessita invece del preventivo consenso, ma il destinatario dovrà essere informato del diritto di opporsi, in tutto o in parte, a tale genere di trattamento (cosiddetto sistema dell'OPT-OUT).

Modello di informativa e richiesta di consenso per potenziali clienti per l'invio comunicazioni commerciali mediante l'uso di sistemi automatizzati di chiamata senza intervento di operatore, via e-mail, sms, instant message.

Spettabile..............

La nostra Società, ____________ (denominazione e sede), avrebbe il piacere di inviarVi comunicazioni commerciali relative ai propri prodotti/servizi del settore ____________ mediante l'utilizzo del Vostro indirizzo e-mail.

Nel caso in cui acconsentiate a tale utilizzo dei Vostri dati, Vi ricordiamo che, ai sensi del Regolamento Europeo 679/2016 relativo alla protezione dei dati personali, potrete opporVi in qualsiasi momento al trattamento in oggetto, mediante l'invio di una e-mail al seguente indirizzo ____________

Ai sensi degli artt. 15 – 21 del GDPR, potrete inoltre esercitare tutti i diritti previsti dal Regolamento, tra cui i diritti di accesso, rettifica, aggiornamento e di cancellazione.

Responsabile del trattamento è____________(da indicare solo se nominato uno specifico responsabile; indicare la qualifica e aggiungere "pro tempore").

INFORMATIVA PER SISTEMI DI VIDEO SORVEGLIANZA

Anche le immagini ed i suoni che permettono di identificare in modo diretto od indiretto i soggetti interessati costituiscono "dati personali".

Pertanto, anche gli impianti di video sorveglianza installati per ragioni di sicurezza e di tutela del patrimonio aziendale determinano un trattamento di dati per il quale è necessario rispettare i principi e gli obblighi della Codice sulla privacy.

Il Garante per la protezione dei dati personali ha emesso uno specifico provvedimento con il quale ha fornito un "decalogo" delle regole da osservare per non violare la privacy: in attesa del futuro Codice di deontologia e buona condotta in materia (art. 134) è necessario seguire le indicazioni del Garante.

Innanzitutto è necessario fornire agli interessati un'informativa (sia pure sintetica).

Il Garante ha anche ricordato che per questa particolare forma di trattamento permangono le problematiche connesse alla disciplina dei controlli a distanza dettata dall'art. 4 della Legge n. 300/1970 (statuto dei lavoratori), cui rinvia espressamente anche l'art. 114 del codice sulla privacy.

Di seguito si riporta un modello di informativa che può essere realizzata anche mediante cartelli collocati in prossimità delle telecamere o degli accessi all'azienda.

Modello di informativa sui sistemi di video sorveglianza

L'azienda utilizza un sistema di video sorveglianza degli accessi al solo fine di garantire la sicurezza ed il patrimonio aziendale e prevenire atti illeciti.

Le immagini non vengono registrate e sono visionate esclusivamente dal personale addetto alla sorveglianza (oppure:le immagini sono registrate e conservate esclusivamente a cura del personale addetto alla sorveglianza e sono cancellate dopo ..... giorni[11].

Le immagini sono consultabili solo dal personale incaricato o dall'autorità giudiziaria o di polizia.

---

[11] Principio fondamentale da rispettare nell'utilizzo degli impianti di video sorveglianza é quello di pertinenza e non eccedenza del trattamento. É necessario registrare solo le immagini indispensabili e definire con precisione i tempi di conservazione delle immagini.

INFORMATIVA AGENTI

INFORMATIVA PER GLI AGENTI DELLA SOCIETA'______

La Società__________ (di seguito, per brevità, **"Società"** o **"il Titolare"**),in qualità di titolare del trattamento desidera informarLa, ai sensi della normativa applicabile in materia di protezione dei dati personali, ivi incluso il Regolamento Europeo 679/2016 relativo alla protezione dei dati personali (**«Regolamento»**), che i dati personali da Lei forniti in sede di instaurazione del rapporto e in costanza di esso, saranno trattati nel rispetto delle disposizioni legislative e contrattuali vigenti per le finalità e con le modalità di seguito indicate. In alcune circostanze alcuni dati potrebbero essere raccolti anche presso terzi, ove necessario e sempre nel rispetto della normativa applicabile.

1. Identità e dati di contatto del Titolare del trattamento e del Responsabile della protezione dei dati

Il Titolare del trattamento è ___________, con sede legale in ______,______ (di seguito, il **«Titolare»**),il Responsabile della protezione dei dati è il Sig.

_________, domiciliato per la carica presso la sede legale del Titolare, indirizzo email ______________ (di seguito, il «**Responsabile**»).

2. Categorie di dati personali, finalità e base giuridica del trattamento

Il Titolare potrà trattare[12]:

·   **dati identificativi e di contatto:** nome e cognome o ragione sociale, codice fiscale o partita IVA, residenza o sede legale, indirizzo email, numero telefonico;

·   **dati di natura fiscale o comunque necessari per eseguire o ricevere pagamenti;**

·   **dati relativi alla verifica dell'iscrizione dell'Agente alla Sezione A del RUI;**

·   **dati di soggetti terzi** quali subagenti, procuratori, produttori e/o collaboratori in genere, dei quali l'Agente si avvale nell'esecuzione del contratto con il Titolare;

---

[12] Verifica se inserire/eliminare alcune categorie di dati

· **dati e informazioni relativi all'apertura di sub-agenzie** i cui subagenti prestino la loro attività in favore del Titolare.

I dati personali sopra indicati sono trattati per le seguenti finalità e sulla base delle seguenti condizioni di liceità:

1. adempiere agli obblighi derivanti dalla legge e/o dal contratto in essere con il Titolare, cui la presente informativa è allegata; in tale ipotesi la liceità del trattamento si fonda sulla necessità di assolvere gli obblighi legali connessi all'instaurazione e gestione del rapporto contrattuale (art. 6.1, lett. b e c del Regolamento);

2. gestione dell'eventuale contenzioso e tutela dei diritti della Società; in tale ipotesi la liceità del trattamento si fonda sulla necessità del perseguimento del legittimo interesse della Società (art. 6.1, lett. f del Regolamento).

Per tali finalità non occorre il Suo consenso.

3. Modalità del trattamento e natura del conferimento

I dati personali saranno trattati dalla Società con sistemi informatici e cartacei secondo i principi di correttezza, lealtà e trasparenza previsti dalla normativa applicabile in materia di protezione dei dati personali e tutelando la Sua riservatezza e i Suoi diritti mediante l'adozione d'idonee misure tecniche ed organizzative per garantire un livello di sicurezza adeguato al rischio.

Il conferimento e l'aggiornamento dei Suoi dati personali è obbligatorio in base a normative vigenti (in materia fiscale o altre) o per lo svolgimento del rapporto contrattuale. Senza tali dati, non sarà possibile instaurare o - in talune circostanze - proseguire il rapporto.

4. Conservazione dei dati

Tutti i dati a Lei riferibili saranno conservati nel rispetto degli obblighi civilistici e fiscali (ad esempio obbligo civilistico di conservare le scritture contabili e ulteriore corrispondenza aziendale per 10 anni) e comunque per la sola durata del contratto in essere. Una volta concluso il rapporto, a tutela dei diritti della Società, i dati saranno conservati – in modo da essere accessibili solo in caso di necessità – per un periodo di tempo corrispondente al periodo di prescrizione di eventuali diritti che Lei possa vantare nei confronti della Società. Tale periodo varia a seconda del tipo di dato e dell'eventuale intervento di cause interruttive o sospensive della prescrizione medesima.

5. Destinatari dei dati

I Suoi dati non saranno oggetto di diffusione ma, perle finalità sopra indicate e nel rispetto dei principi del Regolamento, potranno essere comunicati a: dipendenti della Società, i suoi collaboratori, consulenti e professionisti (in particolare, a mero titolo esemplificativo: commercialisti; gestore del database aziendale etc., in qualità di Responsabili esterni del trattamento dei dati[13]).Nell'adempimento di obblighi di legge, di quelli derivanti dal rapporto contrattuale o su Sua richiesta di dati potrebbero essere comunicati a enti pubblici, o alla pubblica autorità.

6. Trasferimento dei dati

I Suoi dati saranno conservati presso la sede della Società e i suoi server (entrambi siti in Italia, presso la sede della Società[14]), non saranno oggetto di trasferimento al di

---

[13] Verificare se i dati sono comunicati anche ad altri soggetti

[14] Specificare dove é situata la Sede e i server

fuori della UE[15]. I dati saranno altresì conservati, in formato digitale, all'interno del database fornito da ________, situato ______.

7. Diritti dell'interessato

L'interessato potrà esercitare, in relazione al trattamento dei dati ivi descritto, i diritti previsti dalla normativa applicabile in materia di protezione dei dati personali, ivi incluso il diritto di:

* ricevere conferma dell'esistenza dei suoi dati personali e accedere al loro contenuto (diritti di accesso);

* aggiornare, modificare e/o correggere i suoi dati personali (diritto di rettifica);

* chiederne la cancellazione o la limitazione del trattamento dei dati trattati in violazione di legge compresi quelli di cui non è necessaria la conservazione in relazione agli scopi per i quali i dati sono stati raccolti o altrimenti trattati (diritto all'oblio e diritto alla limitazione);

---

[15] Verificare sempre con attenzione questo aspetto.

- opporsi al trattamento fondato sul legittimo interesse (diritto di opposizione);

- revocare il consenso, ove prestato, senza pregiudizio per la liceità del trattamento basata sul consenso prestato prima della revoca;

- proporre reclamo all'Autorità di controllo in caso di violazione della disciplina in materia di protezione dei dati personali;

- ricevere copia dei dati in formato elettronico che lo riguardano resi nel contesto del contratto di agenzia (es. dati relativi agli stipendi, servizi di mobilità interni) e chiedere che tali dati siano trasmessi ad un altro titolare del trattamento (diritto alla portabilità dei dati).

Per esercitare tali diritti può rivolgersi in qualsiasi momento al Titolare, inviando la Sua richiesta al seguente indirizzo email privacy@_________ o mediante raccomandata a/r al seguente indirizzo: __________.

Il/la sottoscritto/a _______ dichiara di avere preso visione e letto in ogni sua parte la sopra estesa

informativa di cui all'art. 13 del Regolamento
Europeo697/2016.

(Luogo, data e firma dell'interessato)

SITO WEB AZIENDALE

MODELLO POLICY SITO WEB

Informativa Privacy fornita ai sensi dell'Art.13 del Regolamento Europeo in materia di protezione dei dati personali 2016/679 (di seguito GDPR)

1. Titolare del trattamento dei Dati Personali e Responsabile della Protezione dei Dati

La Società___________ con sede legale in ___________, P. IVA_____________(di seguito, **"la Società"** o il **"Titolare"**), in qualità di Titolare del trattamento e in considerazione dell'importanza che riconosce alla tutela e alla sicurezza dei dati personali, la informa che i dati personali dai lei forniti alla Società tramite il presente sito sono trattati nel rispetto della normativa vigente in materia di protezione dei dati personali, ivi incluso il nuovo Regolamento Europeo (UE 2016/679, di seguito **"GDPR"**).

Il Titolare ha nominato un Responsabile della Protezione dei dati personali che può essere contatto al seguente indirizzo e-mail: _________.

2. Tipologia dei dati trattati

La Società tratterà i dati personali da lei comunicati o legittimamente reperiti dal Titolare (**"Dati personali"**). In particolare sono trattati i seguenti dati personali:

2.1 Dati connessi al funzionamento del presente sito

I sistemi informatici e le procedure software preposte al funzionamento di questo sito web acquisiscono, nel corso del loro normale esercizio, i seguenti dati personali la cui trasmissione è implicita nell'uso dei protocolli di comunicazione di Internet:

(VERIFICARE E EVENTUALMENTE MODIFICARE L'ELENCO)

- gli indirizzi IP;

- il tipo di browser utilizzato;

- il sistema operativo;

- il nome di dominio;

- gli indirizzi di siti web dai quali è stato effettuato l'accesso;

- le informazioni sulle pagine visitate dagli utenti all'interno del sito, l'orario d'accesso, la permanenza sulla singola pagina, l'analisi di percorso interno ed altri parametri relativi al sistema operativo e all'ambiente informatico dell'utente.

Si tratta di informazioni che non sono raccolte per essere associate a interessati identificati, ma che per loro stessa natura potrebbero, attraverso elaborazioni ed associazioni con dati detenuti da terzi, permettere di identificare gli utenti.

Cookies

Sarebbe opportuno inserire il riferimento ai cookies utilizzati dal sito, indicando il link che rinvia alla Policy cookie (anche quella deve essere aggiornata al GDPR).

2.2 Dati connessi all'attività di selezione del personale

I dati trattati per la realizzazione dell'attività di selezione del personale[16]:

- nome;

---

[16] Verificare ed eventualmente modificare l'elenco

- cognome;

- sesso;

- data e luogo di nascita;

- indirizzo di residenza;

- recapito telefonico;

- indirizzo e-mail;

- studi e competenza;

- curriculum vitae;

3 Finalità e base giuridica del trattamento

3.1 Dati connessi al funzionamento del presente sito

I dati di navigazione sono trattati per il nostro legittimo interesse a garantire la sicurezza dei siti, controllarne il corretto funzionamento ed ottenere statistiche in relazione al loro utilizzo (art. 6,co.1, lett. f del GDPR).

3.2 Dati connessi all'attività di selezione del personale

La Società utilizzerà i dati personali da lei comunicati esclusivamente per l'attività di selezione del personale, finalizzata all'eventuale assunzione/collaborazione in Società e nelle società da essa controllate.

La base giuridica del trattamento è costituita dal consenso.

Il consenso al trattamento dei dati personali è facoltativo, ma in caso di rifiuto, totale o parziale, di fornire i predetti dati – ovvero di acconsentire al loro trattamento e/o alla loro comunicazione – non sarà possibile completare il processo di registrazione alla sezione **"Lavora con noi"**[17] e conseguentemente, di instaurare eventuali rapporti di lavoro/collaborazione.

4. Modalità di trattamento dei dati

I dati personali raccolti saranno trattati tramite l'utilizzo di sistemi informatici e cartacei secondo i principi di correttezza, lealtà e trasparenza previsti dalla normativa applicabile in materia di protezione dei dati personali e tutelando la sua riservatezza e i suoi diritti mediante

---

[17] O qualsiasi altra sezione sia utilizzata per la raccolta delle candidature

l'adozione d'idonee misure tecniche ed organizzative per garantire un livello di sicurezza adeguato al rischio.

5. Destinatari dei Dati Personali

I suoi Dati Personali potranno essere resi accessibili, per le finalità precedentemente menzionate:

1. A persone Autorizzate nominate dal Titolare;

2. a Terze Parti qualificate, che coadiuvano la Direzione Risorse Umane nell'attività di assunzione/inserimento dei candidati e alla Società__________, che gestisce il sito aziendale *www.lasocietà.it* e i relativi servizi, in qualità di responsabili esterni del trattamento;

3. *[verificare se i dati vengono comunicati ad altri soggetti esterni alla società].*

6. Trasferimento dei Dati Personali

6.1 I suoi dati personali saranno trattati all'interno dell'Unione Europea e conservati sui server della Società, ubicati in Italia, e sul server della Società__________, sito in _______ *[verificare l'ubicazione del server della Società che ospita il sito internet].*

6.2 Dati connessi all'attività di selezione del personale

Con riferimento ai dati personali trattati connessi all'attività di selezione del personale, la Società, in caso di Trasferimento dei dati verso Paesi Terzi situati al di fuori dell'Unione Europea, (i) verifica se dette Terze Parti qualificate operano in Paesi in cui sia stata già emessa una decisione positiva di adeguatezza da parte della Commissione Europea ovvero (ii) negozia con dette Terze Parti idonee clausole di protezione dati.

In mancanza di una decisione di adeguatezza o di altre misure adeguate volte a proteggere i suoi Dati Personali nel caso in cui la candidatura comporti invece un trasferimento di dati verso Paesi Terzi, le precisiamo che questi saranno trattati nel Suo interesse e sulla base del Suo consenso espresso in calce alla presenta informativa ai sensi dell'art. 49, comma 1, lett. a).

7. Durata del trattamento

7.1 Dati connessi al funzionamento del presente sito

I dati vengono utilizzati al solo fine di ricavare informazioni statistiche anonime sull'uso dei sito e per controllarne il corretto funzionamento e vengono cancellati immediatamente dopo l'elaborazione[18].

7.2 Dati connessi all'attività di ricerca e selezione del personale

I Dati Personali oggetto di trattamento per le finalità di cui sopra saranno conservati nel rispetto dei principi di proporzionalità e necessità, e comunque fino a che non siano state perseguite le finalità del trattamento.

A meno che lei non ne richieda la cancellazione, essi saranno eliminati automaticamente decorsi 12 mesi dalla chiusura della selezione per l'assunzione/inserimento per la quale lo stesso si è candidato, o dall'eventuale candidatura spontanea.

8. Diritti dell'interessato

In ogni momento, l'interessato può esercitare, in relazione al trattamento dei dati descritto, i diritti previsti dalla normativa applicabile in materia di protezione dei dati personali, ivi incluso il diritto di:

---

[18] Verificare con attenzione questo aspetto

• ricevere conferma dell'esistenza dei propri dati personali e accedere al loro contenuto **(diritti di accesso)**;

• aggiornare, modificare e/o correggere i propri dati personali **(diritto di rettifica)**;

• chiederne la cancellazione o la limitazione del trattamento dei dati trattati in violazione di legge compresi quelli di cui non è necessaria la conservazione in relazione agli scopi per i quali i dati sono stati raccolti o altrimenti trattati **(diritto all'oblio e diritto alla limitazione)**;

• opporsi al trattamento fondato sul legittimo interesse **(diritto di opposizione)**;

• revocare il consenso, senza pregiudizio per la liceità del trattamento basata sul   consenso prestato prima della revoca;

• proporre reclamo all'Autorità di controllo in caso di violazione della disciplina in   materia di protezione dei dati personali;

• ricevere copia dei dati in formato elettronico che lo riguardano resi per il servizio di selezione del personale e chiedere che tali dati siano trasmessi ad un altro titolare del trattamento **(diritto alla portabilità dei dati)**.

Per esercitare tali diritti lei può rivolgersi in qualsiasi momento al Titolare, inviando la richiesta al seguente indirizzo email: ________ o mediante raccomandata a/r al seguente indirizzo:____________________.

MODELLO POLICY "LAVORA CON NOI"

La ricerca di talenti é una attività fondamentale per tutte le aziende che intendono investire nelle risorse umane. Strumento indispensabile é il portale web aziendale, la sezione "lavora con noi" può essere facilmente strutturata per consentire la preselezione e l'analisi dei curriculum in modo da snellire il processo di selezione.

La selezione del personale richiede il trattamento di dati personali, per questo motivo é opportuno inserire e fare riferimento ad una apposita informativa.

L'invio della candidatura potrà essere subordinato alla lettura e alla accettazione della informativa.

Informativa privacy ai sensi dell'art. 13 del Regolamento UE 2016/679 ("GDPR")

Titolare del trattamento dei Dati Personali

La Società___________, con sede legale in___________, P. IVA___________ (di seguito, **"la Società"** o il **"Titolare"**), in qualità di Titolare del trattamento, tratterà i suoi dati personali in conformità a quanto stabilito dalla normativa in materia di protezione dei dati personali applicabile e dalla presente informativa.

Responsabile della Protezione dei dati personali (RPD)

Il Titolare ha nominato un Responsabile della Protezione dei dati personali che può essere contatto al seguente indirizzo e-mail: __________.

Categorie di dati personali

Con riferimento all'attività di selezione del personale, il Titolare tratterà i seguenti dati[19] (di seguito **"Dati Personali"**), acquisiti tramite il portale[20] _____(di seguito, il **"Portale"**):

- nome;

- cognome;

- sesso;

---

[19] Verificare ed eventualmente modificare l'elenco

[20] Eventualmente inserire l'indirizzo del portale

- data e luogo di nascita;

- indirizzo di residenza;

- recapito telefonico;

- indirizzo e-mail;

- studi e competenza;

- curriculum vitae;

Le precisiamo che lei è tenuto a compilare i campi obbligatori indicati con asterisco[21]. Nei campi facoltativi la Società non richiede l'inserimento di dati personali considerati sensibili ai sensi dell'art. 9 comma 1 del GDPR.

Finalità e base giuridica del trattamento

La Società tratterà i suoi dati personali esclusivamente perle attività di selezione del personale, finalizzate all'eventuale assunzione/collaborazione in Società e nelle società da essa controllate.

---

[21] Possibile impedire l'invio del formulario nel caso in cui non siano stati compilati tutti i campi obbligatori

La base giuridica del trattamento è costituita dal consenso che le chiediamo di manifestare in calce alla presente informativa.

Il consenso al trattamento dei dati personali è facoltativo, tuttavia, in caso di rifiuto, totale o parziale, di fornire i predetti dati – ovvero di acconsentire al loro trattamento e/o alla loro comunicazione – non sarà possibile completare il processo di registrazione alla sezione **"Lavora con noi"** e conseguentemente, di instaurare eventuali rapporti di lavoro/collaborazione.

Modalità del Trattamento

Il Titolare tratterà i dati acquisiti tramite il portale _______con sistemi informatici e cartacei secondo i principi di correttezza, lealtà e trasparenza previsti dalla normativa applicabile in materia di protezione dei dati personali e tutelando la sua riservatezza e i suoi diritti mediante l'adozione d'idonee misure tecniche ed organizzative per garantire un livello di sicurezza adeguato al rischio.

Destinatari dei Dati Personali

I suoi dati personali potranno essere resi accessibili, per le finalità sopra menzionate:

1. alle Persone Autorizzate nominate dal Titolare o dalle altre società del Gruppo;

2. a Terze Parti qualificate, che coadiuvano la Direzione Risorse Umane nell'attività di assunzione/inserimento dei candidati e alla Società__________, che gestisce il sito aziendale *www.lasocietà.it* e i relativi servizi, in qualità di responsabili esterni del trattamento;

3. *[verificare se i dati vengono comunicati ad altri soggetti esterni alla società]*

Trasferimento dei Dati Personali

I suoi dati personali saranno trattati all'interno dell'Unione Europea e conservati sui server della

Società., ubicati in Italia, e sul server della società[22]__________, sito in[23]_______

La Società, in caso di Trasferimento dei dati verso Paesi Terzi situati al di fuori dell'Unione Europea, (i) verificherà se dette Terze Parti qualificate operano in Paesi in cui sia stata già emessa una decisione positiva di adeguatezza da parte della Commissione Europea ovvero (ii) negozierà con dette Terze Parti idonee clausole di protezione dati.

In mancanza di una decisione di adeguatezza o di altre misure adeguate volte a proteggere i suoi dati personali, nel caso in cui la sua candidatura comporti invece un trasferimento di dati verso Paesi Terzi, le precisiamo che questi saranno trattati nel suo interesse e sulla base del suo consenso espresso in calce alla presenta informativa ai sensi dell'art.49, comma 1, lett. a).

---

[22] Specificare l'eventuale società terza

[23] Verificare l'ubicazione del server della eventuale società terza che ospita il sito web

Periodo di conservazione dei Dati Personali

I dati personali oggetto di trattamento perle finalità di cui sopra saranno conservati nel rispetto dei principi di proporzionalità e necessità, e comunque fino a che non siano state perseguite le finalità del trattamento.

In ogni caso, a meno che lei non ne richieda la cancellazione, essi saranno eliminati automaticamente decorsi 12 mesi dalla chiusura della selezione per l'assunzione/inserimento per la quale lei si è candidato, o dall'eventuale candidatura spontanea. Nel caso in cui la selezione abbia esito positivo e si concluda con la sottoscrizione di un contratto di lavoro, i suoi dati personali saranno conservati negli archivi della Società

Diritti dell'interessato

Ai sensi degli artt. 15 – 21 del GDPR, in relazione ai dati personali comunicati, lei ha il diritto di:

- ricevere conferma dell'esistenza dei suoi dati personali e accedere al loro contenuto (**diritti di accesso**);

- aggiornare, modificare e/o correggere i suoi dati personali (**diritto di rettifica**);

- chiederne la cancellazione o la limitazione del trattamento dei dati trattati in violazione di legge compresi quelli di cui non è necessaria la conservazione in relazione agli scopi per i quali i dati sono stati raccolti o altrimenti trattati (**diritto all'oblio e diritto alla limitazione**);

- opporsi al trattamento fondato sul legittimo interesse (**diritto di opposizione**);

- proporre reclamo all'Autorità di controllo in caso di violazione della disciplina in materia di protezione dei dati personali;

- ricevere copia dei dati in formato elettronico che la riguardano resi nell'ambito della procedura della selezione e chiedere che tali dati siano trasmessi ad un altro titolare del trattamento (**diritto alla portabilità dei dati**).

Lei potrà comunque revocare in qualsiasi momento il suo consenso di cui appresso. La suddetta revoca precluderà il suo coinvolgimento nel processo di selezione/inserimento.

I sopra menzionati diritti relativi ai Dati Personali, potranno essere esercitati in modo facile ed immediato tramite l'apposita funzione all'interno della sua pagina personale del Portale, intervenendo direttamente sui dati da lei inseriti [si potrebbe predisporre un sistema del genere ?].

Per esercitare tali diritti lei può rivolgersi inqualsiasi momento al Titolare, inviando la richiesta al seguente indirizzo email: ________ o mediante raccomandata a/r al seguente indirizzo:____________________.

Preso atto dell'informativa di cui sopra, presto il consenso al trasferimento dei miei Dati Personali, nei termini indicati, verso Paesi extra europei in cui la Società opera.

MODELLO INFORMATIVA COOKIE

Il **"Sito"** (*www.lasocietà.it*) utilizza i Cookie per rendere i propri servizi semplici e efficienti per l'utenza che visiona le pagine di *www.lasocietà.it*. Gli utenti che visionano il Sito, vedranno inserite delle quantità minime di informazioni nei dispositivi in uso, che siano computer e periferiche mobili, in piccoli file di testo denominati **"cookie"** salvati nelle directory utilizzate dal browser web dell'Utente.

I cookie sono piccoli file di testo che i siti visitati dagli utenti inviano ai loro terminali, ove vengono memorizzati per essere poi ritrasmessi agli stessi siti alla visita successiva. I cookie delle c.d. "terze parti" vengono, invece, impostati da un sito web diverso da quello che l'utente sta visitando. Questo perché su ogni sito possono essere presenti elementi (immagini, mappe, suoni, specifici link a pagine web di altri domini, ecc.) che risiedono su server diversi da quello del sito visitato.

Vi sono vari tipi di cookie, alcuni per rendere più efficace l'uso del Sito, altri per abilitare determinate funzionalità.

Analizzandoli in maniera particolareggiata i nostri cookie permettono di:

- memorizzare le preferenze inserite; evitare di reinserire le stesse informazioni più volte durante la visita quali ad esempio nome utente e password;

- analizzare l'utilizzo dei servizi e dei contenuti forniti da *www.lasocietà.it* per ottimizzarne l'esperienza di navigazione e i servizi offerti.

I cookies utilizzati in questo sito rientrano nelle categorie descritte di seguito. Proseguendo nella navigazione l'Utente acconsente all'utilizzo di tutti i cookie.

In qualunque momento è possibile disabilitare i cookies presenti sul browser; si ricorda, tuttavia, che quest'opzione potrebbe limitare molte delle funzionalitàdi navigazione del sito.

Tipologie di Cookie

Cookie tecnici

Questa tipologia di cookie permette il corretto funzionamento di alcune sezioni del Sito. Sono di due categorie: persistenti e di sessione:

- **persistenti**: una volta chiuso il browser non vengono distrutti ma rimangono fino ad una   data di scadenza preimpostata

- **di sessione**: vengono distrutti ogni volta che il browser viene chiuso

Questi cookie, inviati sempre dal nostro dominio, sono necessari a visualizzare correttamente il sito e in relazione ai servizi tecnici offerti, verranno quindi sempre utilizzati e inviati, a meno che l'utenza non modifichi le impostazioni nel proprio browser (inficiando così la visualizzazione delle pagine del sito).

Cookie analitici

I cookie in questa categoria vengono utilizzati per collezionare informazioni sull'uso del sito. *www.lasocietà.it* userà queste informazioni in merito ad analisi statistiche anonime al fine di migliorare l'utilizzo del Sito e per rendere i contenuti più interessanti e attinenti ai desideri dell'utenza. Questa tipologia di cookie raccoglie dati in forma anonima sull'attività dell'utenza e su come è arrivata sul Sito. I cookie analitici sono inviati dal Sito Stesso o da domini di terze parti.

Cookie di analisi di servizi di terze parti

Questi cookie sono utilizzati al fine di raccogliere informazioni sull'uso del Sito da parte degli utenti in forma anonima quali: pagine visitate, tempo di permanenza, origini del traffico di provenienza, provenienza geografica, età, genere e interessi ai fini di campagne di marketing. Questi cookie sono inviati da domini di terze partiesterni al Sito.

Cookie per integrare prodotti e funzioni di software di terze parti

Questa tipologia di cookie integra funzionalità sviluppate da terzi all'interno delle pagine del Sito come le icone e le preferenze espresse nei social network al fine di condivisione dei contenuti del sito o per l'uso di servizi software di terze parti (come i software per generare le mappe e ulteriori software che offrono servizi aggiuntivi). Questi cookie sono inviati da domini di terze parti e da siti partner che offrono le loro funzionalità tra le pagine del Sito.

La gestione delle informazioni raccolte da **"terze parti"** è disciplinata dalle relative informative cui si prega di fare riferimento. Per garantire una maggiore trasparenza e comodità, si riportano qui di seguito gli indirizzi web delle diverse informative e delle modalità perla gestione dei cookie.

INSERIRE LINK CONTENENTI LE INFORMATIVE DEI TERZI (come Facebook, Linkedin, ecc...)

Cookie di profilazione

Sono i cookie utilizzati per tracciare la navigazione dell'Utente in rete e creare profili sui suoi gusti, abitudini, scelte, ecc. Con questi cookie possono essere trasmessi al terminale dell'utente messaggi pubblicitari in linea con le preferenze già manifestate dallo stesso utente nella navigazione online.

Tali cookie saranno installati solo con l'espresso consenso dell'Utente. Per questo motivo, quando l'Utente accede al sito viene visualizzato un apposito banner, che informa che:

- sul sito sono utilizzati cookie di profilazione, anche di terze parti;

- che proseguendo la navigazione, selezionando un elemento del sito al di fuori del banner o accedendo ad altra area del sito, si accetta l'uso di cookie.

Naturalmente l'Utente è libero di bloccare l'installazione dei cookie di profilazione o di revocare il consenso che abbia inizialmente prestato, mediante una delle seguenti modalità:

- mediante specifiche configurazioni del broswer utilizzato o dei relativi programmi informatici utilizzati per navigare le pagine che compongono il Sito.

- mediante modifica delle impostazioni nell'uso dei servizi di terze parti.

Sono quei cookie necessari a creare profili utenti al fine di inviare messaggi pubblicitari in linea con le preferenze manifestate dall'utente all'interno delle pagine del Sito.

www.lasocietà.it, secondo la normativa vigente, non è tenuto a chiedere consenso per i cookie tecnici e di analytics, in quanto necessari a fornire i servizi richiesti.

Per tutte le altre tipologie di cookie il consenso può essere revocato dall'Utente con una o più di una delle seguenti modalità:

- Mediante specifiche configurazioni del browser utilizzato o dei relativi programmi informatici utilizzati per navigare le pagine che compongono il Sito.

- Mediante modifica delle impostazioni nell'uso dei servizi di terze parti.

Entrambe queste soluzioni potrebbero impedire all'Utente di utilizzare o visualizzare parti del Sito.

Siti Web e servizi di terze parti

Il Sito potrebbe contenere collegamenti ad altri siti Web che dispongono di una propria informativa sulla privacy che può essere diverse da quella adottata da *www.lasocietà.it* e che quindi non risponde di questi siti.

Elenco cookie

(INSERIRE ELENCO COOKIE)

Informazioni sui cookie (esempio)

VISITOR_INFO1_LIVE

Ricorda le preferenze dell'utente in merito all'interfaccia scelta per l'utilizzo di visualizzazione dei video.

YSC

Un identificatore univoco assegnato al visitatore del sito durante la visualizzazione di un video.

PREF

La maggior parte degli utenti di Google ha un cookie delle preferenze chiamato "PREF" nei browser. Un browser invia questo cookie con le richieste ai siti di Google. Il cookie PREF potrebbe memorizzare le tue preferenze e altre informazioni, in particolare la tua lingua preferita (ad esempio l'italiano), il numero di risultati di ricerca che desideri visualizzare per ogni pagina (ad esempio 10 o 20) e la tua preferenza di attivazione del filtro Safe Search di Google.

GPS

Quando un utente utilizza servizi Google, potremmo raccogliere ed elaborare informazioni sulla sua posizione. Utilizziamo varie tecnologie per stabilire la posizione, inclusi indirizzo IP, GPS e altri sensori che potrebbero, ad esempio, fornire a Google informazioni sui dispositivi, sui punti di accesso Wi-Fi e sui ripetitori di segnale dei cellulari nelle vicinanze.

_gat

Il cookie _gat fa parte del servizio di analisi e monitoraggio Google Analytics. Si tratta di un cookie che scade dopo 10 minuti dopo la creazione o l'aggiornamento. Viene utilizzato per bloccare il numero di richieste degli script di analisi in modo da considerare uniche levisite dell'utente.

_ga

Il cookie _ga fa parte del servizio di analisi e monitoraggio Google Analytics. Si tratta di un cookie che scade dopo 2 anni dopo la creazione o l'aggiornamento. Viene utilizzato per distinguere gli utenti.

PHPSESSID

Il cookie PHPSESSID è molto diffuso in progetti realizzati in ambienti Linux. Si tratta di un cookie tecnico e al suo interno viene salvato un valore alfa numerico che identifica la sessione dell'utente. Questo cookie viene eliminato dopo la chiusura del browser e al suo interno non viene memorizzata nessuna informazione personale.

Come disabilitare i cookie mediante configurazione del browser

Se desideri approfondire le modalità con cui il tuo browser memorizza i cookies durante la tua navigazione, ti invitiamo a seguire questi link sui siti dei rispettivi fornitori.

Nel caso in cui il tuo browser non sia presente all'interno di questo elenco puoi richiedere maggiori informazioni inviando una email all'indirizzo __________ Provvederemo a fornirti le informazioni necessarie per una navigazione anonima e sicura.

ISTRUZIONI

ISTRUZIONE AGLI AUTORIZZATI

Il Codice sulla privacy (art. 30) impone all'azienda titolare del trattamento di designare gli "autorizzati del trattamento" e di fornire a tutte queste persone incaricate del trattamento delle istruzioni chiare, scritte e facilmente reperibili. La designazione e la definizione delle istruzioni viene compiuta dal titolare del trattamento o dal/i responsabile/i se nominato/i.

Periodicamente, <u>almeno una volta all'anno,</u> l'azienda deve verificare ed, eventualmente, aggiornare l'elenco degli autorizzati e dei relativi ambiti di trattamento consentiti.

La finalità di queste istruzioni scritte è quella di individuare gli specifici trattamenti che l'autorizzato può legittimamente effettuare conformemente alle proprie mansioni aziendali. Le istruzioni devono contenere l'individuazione delle banche dati cui l'autorizzato può accedere, la definizione delle finalità per le quali si effettuano i trattamenti, l'eventuale ambito di comunicazione e/o diffusione all'esterno.

Inoltre, in forza degli specifici obblighi in materia di sicurezza imposti all'azienda dal Regolamento, è necessario dettare anche prescrizioni puntuali sulle misure di sicurezza adottate a tutela dei dati: queste misure dovranno essere osservate da ogni singolo autorizzato.

Dal punto di vista gestionale delle misure di sicurezza per i trattamenti informatici, le diverse mansioni (e, di conseguenza, le banche dati con le relative diverse finalità di trattamento) si concretizzano in un sistema di autenticazione all'accesso del sistema informatico che prevede diversi profili di autorizzazione.

Le istruzioni possono essere nominative od anche per gruppi omogenei di lavoro o per funzioni aziendali, in caso di cambiamento di mansioni che comportino la variazione delle finalità del trattamento da svolgere o il mutamento dei data base accessibili, è necessario modificare le istruzioni scritte già fornite.

Modello istruzioni per gli autorizzati al trattamento

Egr. Signor..................

Il GDPR, Regolamento vigente in materia di tutela della riservatezza nel trattamento di dati personali ha introdotto rilevanti obblighi a carico dell'impresa, obblighi la cui inosservanza è sanzionata penalmente ed espone a responsabilità civili.

Il Regolamento ha la finalità di garantire che il trattamento di dati personali si svolga nel pieno rispetto dei diritti dell'interessato.

La legge prescrive che vengano impartite da parte del titolare (od anche dal responsabile del trattamento, se nominato) specifiche istruzioni agli "incaricati del trattamento" e, cioè, a coloro che, nell'ambito dell'organizzazione stessa ed in relazione alle mansioni affidate, trattano dati personali sia mediante sistemi informatici che mediante documenti cartacei.

Pertanto, nell'ambito delle mansioni a lei assegnate, viene designato "incaricato del trattamento" e le vengono impartite le seguenti istruzioni atte a garantire un trattamento lecito, corretto e sicuro dei dati.

Accesso a banche dati aziendali

Le banche dati cui è autorizzato ad accedere per effettuare i trattamenti (sia informatici che cartacei), sempre strettamente pertinenti alle mansioni svolte e per le finalità previste dall'azienda, sono le seguenti:.. (es. banca dati clienti, banca dati controllo qualità..... ecc....).

(n.b.: vanno evidenziate e specificate in modo particolare le banche dati... (es. dipendenti e curricula) o comunque i trattamenti che possono contenere anche dati "sensibili", quali quelli inerenti allo stato di salute, l'origine razziale od etnica, le

convinzioni religiose, filosofiche, politiche o sindacali, e quelli "giudiziari", ricordando che tali trattamenti, in attesa dei codici di buona condotta, devono essere perfettamente conformi alle prescrizioni contenute nelle autorizzazioni generali emanate dal garante in materia).

Creazione nuove banche dati. Gestione programmi

Senza preventiva autorizzazione del ...... (titolare o del responsabile del trattamento, se nominato) non è permesso realizzare nuove ed autonome banche dati, con finalità diverse da quelle già previste.

Trattamento dei dati personali

Il trattamento dei dati personali deve essere effettuato esclusivamente in conformità alle finalità previste e dichiarate dall'azienda e, pertanto, in conformità alle informazioni che l'azienda ha comunicato agli interessati. L'eventuale raccolta di dati dovrà avvenire nel rispetto delle procedure e dei modelli di informativa e/o consenso elaborati dall'azienda.

L'autorizzato deve prestare particolare attenzione all'esattezza dei dati trattati e provvedere, inoltre, all'aggiornamento degli stessi.

Comunicazione e diffusione dei dati

In relazione alle banche dati di cui è autorizzato il trattamento nello svolgimento delle mansioni affidate, è autorizzata la comunicazione dei dati stessi esclusivamente ai seguenti soggetti esterni indicati dall'azienda:... *(es. per area commerciale:istituti di credito per i pagamenti, società di recupero crediti per attività di recupero, società di assicurazione del credito, legali per recupero crediti, es.per area personale: istituti di credito per i pagamenti, enti pubblici -INPS,INAIL- organizzazioni sindacali cui è stato conferito il mandato, fondi o casse anche private di previdenza ed assistenza.........).*

Ogni ipotesi diversa di comunicazione o, addirittura, di diffusione dei dati dovrà essere preventivamente autorizzata di volta in volta dall'impresa.

Misure di sicurezza

Ogni autorizzato è tenuto ad osservare tutte le misure di protezione e sicurezza atte a evitare rischi di distruzione, perdita, accesso non autorizzato, trattamento non consentito, già predisposte dall'impresa, nonché quelle che in futuro verranno comunicate.

Sistemi informatici[24]

Per ogni autorizzato viene creata una "credenziale di autenticazione" che consente l'accesso in rete ai dati, attraverso una procedura di autenticazione. A tal fine, ad ogni incaricato è stata assegnata in via riservata una credenziale per l'autenticazione che consiste in un codice identificativo (user id) ed una parola chiave riservata (password). Tale parola chiave non va comunicata ad altri autorizzati; le variazioni disposte autonomamente dallo stesso autorizzato con periodicità semestrale (trimestrale in caso di trattamento di dati sensibili o giudiziari) devono essere comunicate, sempre in modo riservato, al custode delle credenziali.

La postazione informatica non va lasciata incustodita lasciando accessibili i dati; tutti i supporti magnetici utilizzati vanno riposti negli archivi; i supporti non più utilizzati possono essere eliminati solo dopo che i dati contenuti sono stati resi effettivamente inutilizzabili.

Si ricorda che l'azienda titolare del trattamento, nei casi in cui è indispensabile ed indifferibile accedere ai dati trattati dall'autorizzato e dagli strumenti informatici in

---

[24] Le indicazioni si riferiscono alle sole misure minime

dotazione allo stesso sia per le esigenze produttive aziendali sia per la sicurezza ed operatività dello stesso sistema informatico (ad esempio nei casi di prolungata assenza od impedimento dell'incaricato), potrà accedere mediante intervento del custode delle credenziali nominato dall'azienda stessa.

(individuare eventualmente le prescrizioni ulteriori rispetto a quelle minime imposte per applicare specifiche misure di sicurezza informatiche).

L'autorizzato non può installare ed utilizzare programmi per elaboratore non autorizzati dall'azienda né privi di licenza che legittimino l'uso.*(inserimento opportuno per il rispetto della normativa del diritto d'autore a tutela del software, e per evitare possibili danni al sistema derivanti da virus od incompatibilità tecniche).*

Gli strumenti informatici e telematici messi a disposizione *(a seconda dei casi: computer, software, navigazione su internet, e- mail)* costituiscono degli strumenti di lavoro da utilizzare esclusivamente per l'esecuzione delle mansioni affidate.

Trattamenti cartacei

In base al principio di stretta pertinenza dei trattamenti rispetto alle mansioni svolte, potrà accedere agli archivi relativi alle banche dati di tipo cartaceo ....ubicate presso .... *(indicare l'ufficio in cui sono collocati gli armadi contenenti gli archivi)*.

(prescrizioni da aggiungere, qualora tra le banche dati accessibili all'incaricato, rientrino dati sensibili o giudiziari)

L'autorizzato, nel trattare documenti contenenti dati sensibili o giudiziari, è tenuto a custodirli fino alla restituzione in modo da evitare l'accesso agli stessi dati a persone prive di autorizzazione. L'autorizzato deve, inoltre, custodire gli archivi contenenti documenti con dati sensibili e giudiziari, ed evitare che personale non autorizzato vi acceda. L'accesso fuori dall'orario di lavoro impone la registrazione e identificazione delle persone ammesse ai locali.

I documenti (o copia degli stessi) non possono, senza specifica autorizzazione, essere portati fuori dai luoghi di lavoro, salvo i casi di comunicazione dei dati a terzi preventivamente autorizzati in via generale dall'azienda.

(data e firma del titolare o responsabile del trattamento
e dell'incaricato per presa visione)

ISTRUZIONI AI RESPONSABILI DI AREA

Nelle organizzazioni più complesse potrebbe essere opportuno ripartire anche su responsabili di area (commerciale, amministrativa, acquisti ecc.), eventualmente nominati Responsabili Particolari del trattamento, l'attività concreta di applicazione delle procedure predisposte per garantire un corretto trattamento dei dati personali.

I responsabili di area potrebbero essere incaricati preventivamente di analizzare i flussi di dati trattati nella propria struttura e di comunicare le banche dati esistenti al responsabile del trattamento, al fine di collaborare con lo stesso per la realizzazione del sistema organizzativo e successivamente di verificare l'attuazione delle prescrizioni da parte degli autorizzati.

Modello di istruzioni per i responsabili di area

Il GDPR, Regolamento vigente in materia di tutela della riservatezza nel trattamento di dati personali ha introdotto rilevanti obblighi a carico dell'impresa, obblighi la cui inosservanza è sanzionata penalmente ed espone a responsabilità civili.

Il Regolamento ha la finalità di garantire che il trattamento di dati personali si svolga nel pieno rispetto dei diritti dell'interessato.

Con il termine "trattamento di dati" si intendono tutte le operazioni contabili e amministrative compiute in azienda, comprese le attività di comunicazione e diffusione all'esterno dell'organizzazione aziendale, che i vari uffici svolgono per l'adempimento delle proprie funzioni. Pertanto, il trattamento di dati personali relativi a clienti, fornitori, dipendenti od altre categorie di soggetti di cui si utilizzano le informazioni nell'esercizio dell'attività aziendale, è consentito solo avendo soddisfatto agli obblighi di informazione e, ove necessario, di consenso.

Considerata la delicatezza dell'argomento e le responsabilità che ne derivano in caso di mancato rispetto della normativa, si chiede a tutti i responsabili di area:

- di verificare con estrema attenzione l'esistenza presso il proprio ufficio di archivi contenenti dati personali determinando la natura e tipologia dei dati (fiscali, anagrafici, economici...) la cui gestione interna o la divulgazione esterna rientrano nel campo di applicazione della legge a tutela della riservatezza dei dati personali;

- di comunicare all'ufficio (*) .... le eventuali banche dati gestite, le modalità di archiviazione delle informazioni contenute, le finalità di trattamento, nonché le eventuali ipotesi di comunicazione o diffusione;

- di informare per iscritto il personale della propria area, che possa essere coinvolto nella gestione di tali banche dati, dei contenuti della presente comunicazione, assicurandosi che venga da loro usata la necessaria riservatezza in ogni occasione di trattamento delle informazioni. Si ricorda che ogni incaricato è tenuto ad osservare tutte le misure di protezione e sicurezza atte a evitare rischi di distruzione, perdita, accesso non autorizzato o trattamento non consentito, predisposte dalla società, anche in conformità alle misure minime di sicurezza obbligatoriamente fissate con norma regolamentare.

- assicurarsi che i singoli incaricati della propria area ricevano ed applichino le prescrizioni contenute nelle istruzioni scritte elaborate dalla società.

Esempio per area commerciale:

In particolare si richiama l'attenzione, per la particolare "delicatezza", sull'uso delle informazioni commerciali che vengono utilizzate ed archiviate presso l'ufficio commerciale: in nessun caso tali informazioni possono essere trasmesse all'esterno dell'azienda, al di fuori dei casi individuati nelle istruzioni scritte agli incaricati, senza preventivo consenso della direzione. Determinati dati, inoltre, contraddistinti in modo specifico, costituiscono a tutti gli effetti di legge know-how aziendale, patrimonio esclusivo della stessa azienda, di cui è vietata qualsiasi forma di comunicazione.

Ogni altra comunicazione all'esterno (diversa da quelle autorizzate per iscritto) dovrà comunque essere preventivamente concordata con la direzione.

ISTRUZIONI PER GLI AGENTI

La rete commerciale delle aziende si basa anche sugli agenti, che trattano costantemente i dati – anche relativi alla solvibilità – dei clienti o dei potenziali clienti: è necessario, pertanto, determinare l'esatto ruolo degli agenti in ordine al trattamento dei dati. Gli agenti potrebbero, infatti, disporre autonomamente dei dati (divenendo, così, titolari del trattamento): in tal caso l'azienda preponente procede alla comunicazione dei dati all'agente (e in tal senso deve essere formulata l'informativa ai propri clienti).

In alternativa l'agente potrebbe trattare i dati esclusivamente per conto della stessa azienda preponente senza poterne disporre autonomamente.

In questa seconda ipotesi l'agente sarebbe inserito in modo incisivo nell'organizzazione dell'azienda, anche sotto il profilo dell'applicazione del sistema di misure di sicurezza adottate dalla stessa azienda.

Il modello riportato di seguito individua l'agente come semplice autorizzato.

Modello di istruzioni per gli agenti

Il GDPR, Regolamento vigente in materia di tutela della riservatezza nel trattamento di dati personali ha introdotto rilevanti obblighi a carico dell'impresa, obblighi la cui inosservanza è sanzionata penalmente ed espone a responsabilità civili.

Il Regolamento, i cui obiettivi sono di tutelare i dati personali, vietando usi scorretti o illeciti delle informazioni e imponendo la verifica dell'esattezza e completezza degli stessi dati, al fine di evitare lesioni anche nel campo delicatissimo della loro immagine, impone a tutti gli operatori dell'azienda o comunque a persone da essa autorizzate che possono accedere per motivi di servizio ad archivi di dati personali di prestare la massima attenzione nel trattare i dati e, comunque di non divulgare (comunicare o diffondere) alcuna informazione se non d'intesa con la direzione e nei casi consentiti.

Si ricorda, inoltre, che ogni autorizzato è tenuto ad osservare tutte le misure di protezione e sicurezza atte a vietare rischi di distruzione, perdita, accesso non autorizzato o trattamento non consentito dei dati.

Pertanto, tutte le informazioni a voi trasmesse dall'azienda preponente in relazione allo svolgimento della propria attività di impresa e da voi eventualmente conservate nell'esercizio dell'attività di agenzia e riguardanti dati di nostri clienti, vanno custodite con la massima riservatezza e in nessun modo divulgate all'esterno.

Considerata la delicatezza dell'argomento e le responsabilità che ne derivano in caso di mancato rispetto della normativa, si chiede la massima collaborazione nell'ottemperare a tali disposizioni di legge, assicurandosi che le medesime cautele nel trattamento dei dati vengano rispettate anche da eventuali vostri collaboratori.

In conformità al regolamento contenente le specifiche disposizioni sugli standard di sicurezza, dovrete, comunque, rispettare alcune misure minime di sicurezza fisiche o informatiche[25] (1), quali il sistema di autenticazione informatica di accesso per gli archivi informatici, l'installazione di un programma idoneo antivirus... *(individuare le misure minime obbligatorie prescritte in base al sistema informatico posseduto)*, gli armadi chiusi ad accesso selezionato per gli archivi cartacei.

---

[25] Gli agenti sono individuati come Autorizzati al trattamento e rientrano di fatto nella organizzazione aziendale.

ISTRUZIONI AI PRESTATORI DI SERVIZI

Le aziende si avvalgono di diversi prestatori di servizi che, nell'ambito di contratti d'opera o di appalto, forniscono servizi (ad es. elaborazione paghe) o realizzano opere. Spesso tali prestatori si trovano a trattare dati personali, regolati dal Codice sulla privacy, di cui è titolare la stessa azienda committente (ad esempio, società di elaborazione paghe, software house...).

Si ritiene opportuna la nomina dei prestatori di servizi quali "Responsabili del trattamento" esterni. In tal caso essi dovranno condividere ed attuare lo specifico sistema di misure di sicurezza predisposte dall'azienda committente.

Anche non considerando questi prestatori di servizi quali "responsabili del trattamento", appare opportuno che l'azienda si premunisca con il fornitore di servizi inserendo nell'ambito del contratto un'apposita clausola con la quale lo stesso fornitore di servizi garantisca il committente sull'adozione presso la propria organizzazione delle misure di sicurezza obbligatorie ed in genere sull'adozione delle opportune misure di sicurezza informatiche ed organizzative.

Diversa è l'ipotesi, regolata al punto 25 del disciplinare tecnico sulle misure minime di sicurezza, relativa ai prestatori di servizi e beni (ad es.software) forniti per realizzare le stesse misure minime: in questo caso il disciplinare tecnico impone al titolare del trattamento di farsi rilasciare dal prestatore di servizi o beni una "dichiarazione di conformità" al disciplinare tecnico per l'intervento effettuato sul sistema del cliente.

Il modello riportato di seguito è una bozza di lettera integrativa del contratto già stipulato.

Modello di clausola (o lettera) per prestatori di servizi sull'applicazione delle misure di sicurezza

Nell'espletamento dell'incarico conferitoVi, la vostra società tratta dati personali, disciplinati dal Regolamento UE n. 679/2016 (GDPR), di cui è titolare la nostra impresa.

Poiché tali trattamenti possono avvenire anche all'esterno della nostra organizzazione aziendale e quindi al di fuori del nostro controllo, vi chiediamo di confermarci che nell'esecuzione dell'incarico da parte vostra sono state adottate tutte le misure di sicurezza necessarie, e più in generale che la vostra società si è dotata di adeguate misure di sicurezza informatiche ed organizzative atte a garantire la sicurezza, integrità e riservatezza dei dati personali trattati per nostro conto.

Vi precisiamo che siete tenuti ad informare correttamente i Vostri incaricati e a garantire il loro rispetto delle misure minime di sicurezza.

Resta inteso che non potrete effettuare alcuna comunicazione dei dati stessi a terzi se non previa nostra autorizzazione.

LE REGOLE AZIENDALI PER L'UTILIZZO DEI SISTEMI INFORMATICI

Le realtà aziendali si caratterizzano per l'elevato uso della tecnologia informatica che da un lato ha consentito l'introduzione di innovative tecniche di gestione dell'impresa, dall'altro ha dato origine a numerose problematiche relative all'utilizzo degli strumenti informatici forniti dall'azienda al dipendente per lo svolgimento delle proprie mansioni.

In questo senso, viene fortemente sentita dai datori di lavoro la necessità di porre in essere adeguati sistemi di controllo sull'utilizzo di tali strumenti da parte dei dipendenti e di sanzionare conseguentemente quegli usi scorretti che, oltre ad esporre l'azienda stessa a rischi tanto patrimoniali quanto penali, possono di per sé considerarsi contrari ai doveri di diligenza e fedeltà previsti dagli artt.2104 e 2105 del Codice civile.

I controlli preventivi e continui sull'uso degli strumenti informatici devono garantire tanto il diritto del datore di lavoro di proteggere la propria organizzazione, essendo i computer aziendali strumenti di lavoro la cui utilizzazione personale è preclusa, quanto il diritto del lavoratore a non vedere invasa la propria sfera personale, e quindi il diritto alla riservatezza ed alla dignità come sanciti dallo Statuto dei lavoratori e dal Codice sulla privacy.

Lo schema di Regolamento aziendale di seguito riportato viene incontro a tali esigenze disciplinando le condizioni per il corretto utilizzo degli strumenti informatici da parte dei dipendenti, informandoli adeguatamente sui controlli operati mediante software.

Elaborato dal coordinamento legale delle associazioni industriali del triveneto sulla base delle linee guida predisposte d'intesa con Confindustria, è messo a disposizione delle imprese affinché sia adattato alle diverse realtà.

Va peraltro segnalato che, allo stato attuale, la giurisprudenza non si è ancora pronunciata sui profili relativi all'applicazione, in materia, di quanto previsto dall'art.4 dello Statuto dei Lavoratori sul controllo a distanza della loro attività lavorativa.

Si ricorda, comunque, che l'eventuale esercizio del potere disciplinare dovrà avvenire garantendo un'adeguata pubblicità al Regolamento (mediante la sua affissione in luogo accessibile a tutti) e, più in generale, nel rispetto delle procedure previste dall'art.7 dello Statuto dei Lavoratori.

Il regolamento aziendale può costituire, inoltre, anche uno strumento per sensibilizzare il personale su altri aspetti altrettanto importanti nella gestione dei sistemi informatici aziendali, quali il rispetto della normativa sulla tutela legale del software (e quindi il controllo sulla regolarità del software presente nello stesso sistema informatico), e quella sulla tutela del know-how aziendale, quando queste importanti informazioni di proprietà dell'impresa sono custodite nel sistema informatico.

Il documento può essere scaricato al seguente link :
www.confindustria.tn.it/confindustria/trento/
storiconews.nsf/.../regolamento.doc

Regolamento aziendale per l'utilizzo del sistema informatico

Premessa

La progressiva diffusione delle nuove tecnologie informatiche, ed in particolare il libero accesso alla rete Internet dai personal computer, espone ...nome azienda...ai rischi di un coinvolgimento sia patrimoniale sia penale, creando problemi alla sicurezza e all'immagine dell'Azienda stessa.

Premesso quindi che l'utilizzo delle risorse informatiche e telematiche della nostra Azienda deve sempre ispirarsi al principio della diligenza e correttezza, comportamenti che normalmente si adottano nell'ambito di un rapporto di lavoro, ...nome azienda...ha adottato un Regolamento interno diretto ad evitare che comportamenti inconsapevoli possano innescare problemi o minacce alla sicurezza nel trattamento dei dati.

Tali prescrizioni si aggiungono ed integrano le specifiche istruzioni già fornite a tutti gli incaricati in attuazione della legge n. 675/1996 sulla privacy e del D.P.R. n. 318/1999 sulle misure di sicurezza obbligatorie.

1. Utilizzo del personal computer

1.1   Il Personal Computer affidato al dipendente è uno strumento di lavoro. Ogni utilizzo non inerente all'attività lavorativa può contribuire ad innescare disservizi, costi di manutenzione e, soprattutto, minacce alla sicurezza.

1.2   L'accesso all'elaboratore è protetto da password che deve essere custodita dall'incaricato con la massima diligenza e non divulgata. La stessa password deve essere attivata per l'accesso alla rete, per l'accesso a qualsiasi applicazione, per lo screen saver e per il collegamento a Internet. Non è consentita l'attivazione della password di accensione (bios), senza preventiva autorizzazione da parte dell'Amministratore del sistema.

1.3   L'Amministratore del sistema per l'espletamento delle sue funzioni, ha la facoltà in qualunque momento di accedere ai dati trattati da ciascuno, ivi compresi gli archivi di posta elettronica interna ed esterna.

1.4   Non è consentito installare autonomamente programmi provenienti dall'esterno salvo previa autorizzazione esplicita dell'Amministratore del sistema, perché sussiste il grave pericolo diportare virus informatici e di alterare la stabilità delle applicazioni dell'elaboratore.

1.5   Non è consentito l'uso di programmi diversi da quelli distribuiti ufficialmente da ...nome azienda...
(D.Lgs. 518/92 sulla tutela giuridica del software e L. 248/2000 nuove norme di tutela del diritto d'autore).

1.6   Non è consentito all'utente modificare le caratteristiche impostate sul proprio PC, salvo previa autorizzazione esplicita dell'Amministratore del sistema.

1.7   Il personal computer deve essere spento ogni sera prima di lasciare gli uffici o in caso di assenze prolungate dall'ufficio. In ogni caso lasciare un elaboratore incustodito connesso alla rete può essere causa di utilizzo da parte di terzi senza che vi sia la possibilità di provarne in seguito l'indebito uso. In ogni caso deve essere attivato lo screen saver e la relativa password.

1.8   Non è consentita l'installazione sul proprio PC di nessun dispositivo di memorizzazione, comunicazione o altro *(come ad esempio masterizzatori, modem, ...)*,se non con l'autorizzazione espressa dell'Amministratore del sistema.

1.9   Agli utenti incaricati del trattamento dei dati sensibili è fatto divieto l'accesso contemporaneo con lo stesso account da più PC

1.10   Ogni utente deve prestare la massima attenzione ai supporti di origine esterna, avvertendo immediatamente l'Amministratore del sistema nel caso in cui siano rilevati virus ed adottando quanto previsto dal successivo punto 8 del presente Regolamento relativo alle procedure di protezione antivirus.

1.11 Non è consentita la memorizzazione di documenti informatici di natura oltraggiosa e/o discriminatoria per sesso, lingua, religione, razza, origine etnica, opinione e appartenenza sindacale e/o politica.

2. Utilizzo della rete

2.1   Le unità di rete sono aree di condivisione di informazioni strettamente professionali e non possono in alcun modo essere utilizzate per scopi diversi. Pertanto qualunque file che non sia legato all'attività lavorativa non può essere dislocato, nemmeno per brevi periodi, in queste unità. Su queste unità, vengono svolte regolari attività di controllo, amministrazione e backup da parte dell'Amministratore del sistema.

2.2   Le password d'ingresso alla rete ed ai programmi sono segrete e vanno comunicate e gestite secondo le procedure impartite. E' assolutamente proibito entrare nella rete e nei programmi con altri nomi utente.

2.3   L'Amministratore del sistema può in qualunque momento procedere alla rimozione di ogni file o applicazione che riterrà essere pericolosi per la sicurezza sia sui PC degli incaricati sia sulle unità di rete.

2.4   Costituisce buona regola la periodica (almeno ogni sei mesi) pulizia degli archivi, con cancellazione dei file obsoleti o inutili. Particolare attenzione deve essere prestata alla duplicazione dei dati. E' infatti assolutamente da evitare un'archiviazione ridondante.

2.5   E' cura dell'utente effettuare la stampa dei dati solo se strettamente necessaria e di ritirarla prontamente dai vassoi delle stampanti comuni. E' buona regola evitare di stampare documenti o file non adatti *(molto lunghi o non supportati, come ad esempio il formato pdf o file di contenuto grafico)* su stampanti comuni. In caso di necessità la stampa in corso può essere cancellata.

3.   Gestione delle password

3.1   Le password di ingresso alla rete, di accesso ai programmi e dello screen saver, sono previste ed attribuite dall'Amministratore del sistema. È consentita comunque l'autonoma sostituzione da parte degli incaricati al trattamento con contestuale comunicazione al custode delle parole chiave ....*inserire il nome della persona....*

3.2   Le password possono essere formate da lettere (maiuscole o minuscole) e numeri ricordando che lettere maiuscole e minuscole hanno significati diversi per il sistema.

3.3 Le password utilizzate dagli incaricati al trattamento hanno una durata massima di ... mesi *(max. 12)*, trascorsi i quali le password devono essere sostituite.

3.4 La password deve essere immediatamente sostituita, dandone comunicazione al custode delle parole chiave, nel caso si sospetti che la stessa abbia perso la segretezza

3.5 Qualora l'utente venisse a conoscenza delle password di altro utente, è tenuto a darne immediata notizia alla Direzione o persona dalla stessa incaricata (Responsabile, Amministratore del sistema, ...)

4. Utilizzo dei supporti magnetici

4.1 Tutti i supporti magnetici riutilizzabili *(dischetti, cassette, cartucce)* contenenti dati sensibili devono essere trattati con particolare cautela onde evitare che il loro contenuto possa essere recuperato. Una persona esperta potrebbe infatti recuperare i dati memorizzati anche dopo la loro cancellazione.

4.2 I supporti magnetici contenenti dati sensibili devono essere custoditi in archivi chiusi a chiave.

4.3 Non è consentito scaricare file contenuti in supporti magnetici/ottici non aventi alcuna attinenza con la propria prestazione lavorativa.

4.4   Tutti i file di provenienza incerta od esterna, ancorché attinenti all'attività lavorativa, devono essere sottoposti al controllo ed alla relativa autorizzazione all'utilizzo da parte della ....(*direzione o persona delegata*).

5. Utilizzo di PC portatili

5.1 L'utente è responsabile del PC portatile assegnatogli dall'Amministratore del sistema e deve custodirlo con diligenza sia durante gli spostamenti sia durante l'utilizzo nel luogo di lavoro.

5.2 Ai PC portatili si applicano le regole di utilizzo previste per i PC connessi in rete, con particolare attenzione alla rimozione di eventuali file elaborati sullo stesso prima della riconsegna.

5.3 I PC portatili utilizzati all'esterno (convegni, visite in azienda), in caso di allontanamento, devono essere custoditi in un luogo protetto.

6. Uso della posta elettronica

6.1 La casella di posta, assegnata dall'Azienda all'utente, è uno strumento di lavoro. Le persone assegnatarie delle caselle di posta elettronica sono responsabili del corretto utilizzo delle stesse.

6.2 E' fatto divieto di utilizzare le caselle di posta elettronica aziendale ......@.......... .it   per l'invio di messaggi personali o per la partecipazione a dibattiti, forum o mail-list salvo diversa ed esplicita autorizzazione.

6.3 E'buona norma evitare messaggi completamente estranei al rapporto di lavoro o alle relazioni tra colleghi. La casella di posta deve essere mantenuta in ordine, cancellando documenti inutili e soprattutto allegati ingombranti.

6.4 Ogni comunicazione inviata o ricevuta che abbia contenuti rilevanti o contenga impegni contrattuali o precontrattuali per ...nome azienda.... ovvero contenga documenti da considerarsi riservati in quanto contraddistinti dalla dicitura "strettamente riservati" o da analoga dicitura, deve essere visionata od autorizzata dalla Direzione. In ogni modo, è opportuno fare riferimento alle procedure in essere per la corrispondenza ordinaria.

6.5 E'possibile utilizzare la ricevuta di ritorno per avere la conferma dell'avvenuta lettura del messaggio da parte del destinatario, ma di norma per la comunicazione ufficiale è obbligatorio avvalersi degli strumenti tradizionali (fax, posta, ...).

6.6 Per la trasmissione di file all'interno di ...nome azienda.... è possibile utilizzare la posta elettronica, prestando attenzione alla dimensione degli allegati.

6.7 E'obbligatorio controllare i file attachement di posta elettronica prima del loro utilizzo (non eseguire download di file eseguibili o documenti da siti Web o Ftp non conosciuti).

6.8 E' vietato inviare catene telematiche (o di "Sant'Antonio"). Se si dovessero ricevere messaggi di tale tipo, si deve comunicarlo immediatamente all'Amministratore del sistema. Non si deve in alcun caso attivare gli allegati di tali messaggi.

7. Uso della rete Internet e dei relativi servizi

7.1 Il PC abilitato alla navigazione in Internet costituisce uno strumento aziendale necessario allo svolgimento della propria attività lavorativa. E' assolutamente proibita la navigazione in Internet per motivi diversi da quelli strettamente legati all'attività lavorativa stessa.

7.2 E' fatto divieto all'utente lo scarico di software gratuito (freeware) e shareware prelevato da siti Internet, se non espressamente autorizzato dall'Amministratore del sistema.

7.3 E' tassativamente vietata l'effettuazione di ogni genere di transazione finanziaria ivi comprese le operazioni di remote banking, acquisti on-line e simili salvo i casi direttamente autorizzati dalla Direzione e con il rispetto delle normali procedure di acquisto.

7.4 E' da evitare ogni forma di registrazione a siti i cui contenuti non siano legati all'attività lavorativa.

7.5 E' vietata la partecipazione a Forum non professionali, l'utilizzo di chat line (esclusi gli strumenti autorizzati), di bacheche elettroniche e le registrazioni in guest books anche utilizzando pseudonimi (o nicknames);

8.   Protezione antivirus

8.1   Ogni utente deve tenere comportamenti tali da ridurre il rischio di attacco al sistema informatico aziendale mediante virus o mediante ogni altro software aggressivo.

8.2   Ogni utente è tenuto a controllare il regolare funzionamento e l'aggiornamento periodico del software installato, secondo le procedure previste.

8.3 Nel caso che il software antivirus rilevi la presenza di un virus, l'utente dovrà immediatamente: a) sospendere ogni elaborazione in corso senza spegnere il computer; b) segnalare l'accaduto all'amministratore di sistema.

8.4 Non è consentito l'utilizzo di floppy disk, cd-rom, cd riscrivibili, nastri magnetici di provenienza ignota.

8.5   Ogni dispositivo magnetico di provenienza esterna all'azienda dovrà essere verificato mediante il programma antivirus prima del suo utilizzo e, nel caso venga rilevato un virus, dovrà essere consegnato all'amministratore di sistema.

9.   Osservanza delle disposizioni in materia di Privacy

9.1 E'obbligatorio attenersi alle disposizioni in materia di Privacy e di misure minime di sicurezza, come indicate nella lettera di individuazione di incaricato del trattamento dei dati.

10. Non osservanza della normativa aziendale

10.1 Il mancato rispetto o la violazione delle regole contenute nel presente regolamento è perseguibile con provvedimenti disciplinari nonché con le azioni civili e penali consentite[26]

11. Aggiornamento e revisione

11.1 Tutti gli utenti possono proporre, quando ritenuto necessario, integrazioni al presente Regolamento[27]. Le proposte verranno esaminate dalla Direzione.

11.2 Il presente Regolamento è soggetto a revisione con frequenza annuale.

---

[26]Nel caso in cui il presente documento venga portato a conoscenza dei lavoratori interessati pervia telematica si suggerisce di aggiungere, a margine dello stesso, un pulsante– o sistema equivalente- di presa visione del destinatario.

[27]Riportare il nominativo della persona o la funzione aziendale cui rivolgersi per ogni richiesta di chiarimento o proposta di modifica.

CHECK LIST

ADEGUAMENTO AL NUOVO REGOLAMENTO PRIVACY

Di seguito vi propongo una snella check list per la valutazione del corretto adeguamento al GDPR. Può essere utile ai professionisti in sede di valutazione della condizione del cliente quanto in azienda.

Consente di individuare i punti deboli e direzionare opportunamente gli sforzi.

CHECK LIST ADEGUAMENTO AL NUOVO REGOLAMENTO PRIVACY		
Adeguamento al GDPR	**SI**	**NO**
1. E' stata elaborata l'informativa sulla protezione dei dati? è a disposizione di clienti, partners e dipendenti?		
2. La protezione dei dati è strutturata in base al concetto di "Data Protection by Design"? *Il GDPR affida ai titolari il compito di decidere autonomamente le modalità, le garanzie e i limiti del trattamento dei dati personali — nel rispetto delle disposizioni normative e alla luce di alcuni criteri specifici indicati nel regolamento [art. 24].* *Occorre configurare fin dall'inizio il trattamento prevedendo le garanzie indispensabili al fine di soddisfare i requisiti del regolamento e tutelare i diritti degli interessati [art. 25].*		

Adeguamento al GDPR	SI	NO

3. E' stata redatta l'analisi dei rischi relativi al trattamento dei dati?

Tra gli obblighi fondamentali del titolare del trattamento vi è quello di individuare e mitigare i rischi inerenti il trattamento.
Questi ultimi sono da intendersi come il rischio di impatti negativi sulle libertà ed i diritti degli interessati. Tali impatti dovranno essere analizzati attraverso un apposito processo di valutazione [artt.35 e 36] tenendo conto dei rischi noti e delle misure tecniche e organizzative che il titolare ritiene di dover adottare per mitigare tali rischi.

4. E' stato nominato il DPO?

La nomina volontaria del DPO è incoraggiata dal Garante e obbligatoria nel caso in cui il trattamento e le attività principali:
- sono svolte da un organismo pubblico;
- consistono in elaborazioni che richiedono un controllo regolare e sistematico dei dati;
- consistono in elaborazioni su larga scala di dati sensibili o di rilevanza penale

5. Esiste il Registro dei trattamenti?

Il Regolamento ha rimosso gli obblighi di notifica dei trattamenti, sostituendo tale prescrizione con la tenuta di un registro dei trattamenti, che è esteso anche ai fornitori esterni che trattano dati personali. Tale registro deve essere presentato in forma scritta, anche elettronica, e tenuto a disposizione dell'autorità di vigilanza [art.

6. I dipendenti sono stati opportunamente informati e formati in tema di protezione dei dati personali?

7. Durante la raccolta dei dati personali dei vostri clienti e dipendenti viene usato un processo di consenso esplicito e specifico?

Adeguamento al GDPR	SI	NO

8. Gli interessati hanno accesso ai loro dati personali?

Occorre adottare misure per fornire agli individui i mezzi per

9. Siete in grado di   aggiornare o cancellare i dati personali egli interessati (dipendenti, clienti ecc.)?

10. Esiste una procedura   per la conservazione dei dati personali?

11.Siete in grado di soddisfare il diritto dei vostri clienti in merito alla portabilità dei loro dati?

12. Gli archivi contenenti i dati personali hanno un sistema sicuro di accesso?

13. In caso di Data Breach, è stato creato un processo di gestione dell'incidente e della sua notifica?

Nel caso di Data Breach, il DPO deve garantire un processo di

14. Quali misure sono adottate con i fornitori? Il contratto che disciplina la fornitura garantisce che le persone autorizzate al trattamento dei dati personali siano impegnate alla riservatezza?

15. Esiste una procedura per il trasferimento di dati al di fuori dell'Unione Europea?

REGISTRO DEI TRATTAMENTI DEL TITOLARE

Il nuovo regolamento sulla Privacy, GDPR, introduce il Registro dei Trattamenti come strumento per tenere sotto controllo le operazioni di trattamento dei dati che vengono effettuate all'interno delle Organizzazioni.

Sebbene non obbligatorio per le aziende e gli enti con meno di 250 dipendenti, a mio avviso è sempre opportuno utilizzare il Registro dei Trattamenti come valido strumento per gestire non solo i dati collezionati ma anche i diritti degli interessati.

La sua compilazione offre un momento di ricognizione, la radiografia del patrimonio informativo e il motivo per cui si trattano determinati dati. L'occasione per identificare il superfluo e disfarcene.

CHECK LIST REGISTRO DEI TRATTAMENTI DEL TITOLARE			
Quesito/Requisito	SI	NO	NOTE
1. L'Organizzazione ha un numero di			
2. Sono effettuati trattamenti che possono presentare un rischio per i diritti e le libertà degli interessati?			

Quesito/Requisito	SI	NO	NOTE
3. In caso di risposta negativa al quesito n. 1) ma affermativa al n. 2), il trattamento è occasionale?			
4. In caso di risposta negativa al quesito n. 1) ma affermativa al n. 2), il trattamento include "categorie particolari di dati" di cui all'articolo 9, paragrafo 1, o i dati personali relativi a condanne penali e a reati d icui all'articolo 10"?			
5. Il registro contiene il nome e i dati di contatto del titolare del trattamento?			
6. Se nominati, sono indicati i dati di contatto di eventuali con-titolari e DPO?			
7. Le finalità del trattamento sono chiaramente riportate?			
8. Per ciascun trattamento sono individuate le categorie di interessati (ad es.,dipendenti, clienti/utenti, fornitori, ecc.)?			

Quesito/Requisito	SI	NO	NOTE
9. Per ciascun trattamento sono individuate le categorie di dati : **- che rivelano l'origine razziale o etnica (art. 9)?** **- che rivelano le opinioni politiche (art. 9)?** **- che rivelano le convinzioni religiose o filosofiche (art. 9)?** **- che rivelano l'appartenenza sindacale (art. 9)?** **- genetici (artt. 4, par. 1, n. 13 e 9)?** **- biometrici (artt. 4, par. 1, n. 14 e 9)?** **- relativi alla salute (artt. 4, par. 1, n.15 e 9)?** **- relativi alla vita/orientamento sessuale (art. 9)?** **- relativi a condanne penali e reati (art. 10)?**			
10. Per ciascun trattamento sono indicate le categorie di destinatari, cui i dati sono o saranno comunicati?			
11. Vi sono trattamenti in cui i dati sono comunicati a destinatari di Paesi terzi ovvero di organizzazioni internazionali?			
12. Il registro contiene l'indicazione dei trattamenti che includono i trasferimenti di dati personali verso un paese Terzo o un'organizzazione internazionale?			

Quesito/Requisito	SI	NO	NOTE
13. In caso di risposta affermativa al quesito n. 12), il registro include l'identificazione del paese terzo o dell'organizzazione internazionale?			
14. In caso di risposta affermativa al quesito n. 11), per i trasferimenti di cui al secondo comma dell'articolo 49, il registro documenta le prescritte garanzie adeguate (per l'art. 49, comma 2, "Il trasferimento di cui al paragrafo 1,primo comma, lettera g)?			
15. La base giuridica (ad es., contratto, legge, standard internazionale, ecc.) di ciascun trattamento è individuata?			
16. La base giuridica consente, per ciascun trattamento, di definire un tempo massimo di gestione/conservazione dei dati?			
17. Sono indicati i termini ultimi previsti per la cancellazione delle diverse categorie di dati?			
18. Sono descritte le misure di sicurezza tecniche e quelle organizzative di cui all'articolo 32, par. 1 (la pseudonimizzazione e la cifratura dei dati personali, la capacità di assicurare su base permanente la riservatezza, l'integrità, la disponibilità e la resilienza dei sistemi e dei servizi di trattamento. La capacità di ripristinare tempestivamente la disponibilità e l'accesso dei dati personali in caso di incidente ecc.)			

Quesito/Requisito	SI	NO	NOTE
19 Le misure di sicurezza garantiscono un livello di sicurezza adeguato al rischio?			
20. Ha il titolare aderito ad un codice di condotta (art. 40) o ad un sistema di certificazione (art. 42)?			
21. In caso di risposta affermativa al punto 20, in quale misura il codice di condotta/ sistema di certificazione include adempimenti in materia di misure di sicurezza dei trattamenti?			
22. Il registro contiene l'informazione circa l'adesione del titolare al codice di condotta/ sistema di certificazione?			
23. Il registro chiarisce le misure tecniche ed organizzative implementate e riconducibili al codice di condotta e/o al sistema di certificazione			
24. Il registro ha la data di emissione? Eventuali revisioni sono specificate?			
25. Il registro è sottoscritto dalla funzione deputata con apposita procura/delega?			
26. E' stabilita la modalità di conservazione del registro?			
27. E' definito l'ambito di distribuzione interna del registro?			
28. E' individuata la funzione responsabile della conservazione e distribuzione interna del registro?			

Quesito/Requisito	SI	NO	NOTE
29. Il titolare ha pianificato la revisione periodica del registro?			

CYBER SECURITY

In generale, le aziende non hanno "voglia" di pensare alla sicurezza, preferiscono concentrare sforzi e risorse sulla crescita del business, la vendita di prodotti e servizi e a far crescere la redditività insomma. Tuttavia la sicurezza è uno di quegli aspetti cui non ci può sottrarre, soprattutto dopo la grande rivoluzione introdotta dal digitale.

Il concetto che più coinvolge la cyber security all'interno del GDPR è probabilmente quello della privacy by design. Tale concetto impone che il problema di assicurare una adeguata protezione ai dati raccolti e trattati sia affrontato sin dal momento in cui il trattamento dei dati viene progettato e definito.

Le aziende dovranno perciò adottare misure tecniche e organizzative adeguate, operando sulla base di una corretta valutazione dei rischi.

Il regolamento lascia ad ogni azienda un certo margine di libertà per quanto riguarda la scelta delle misure da adottare per ridurre il più possibile i rischi.

Di seguito è proposta una check list che ha lo scopo di stimolare l'analisi e la valutazione del Sistema informativo aziendale.

Quesito/Requisito	SI	NO
1. Esiste ed è mantenuto aggiornato un inventario dei sistemi,		
2. I servizi web (social network, cloud computing, posta elettronica, spazio web, ecc....) offerti da terze parti a cui si è registrati sono quelli strettamente necessari?		
3. Sono individuate le informazioni, i dati e i sistemi critici per l'azienda affinché' siano adeguatamente protetti?		
4. E' stato nominato un referente che sia responsabile per il coordinamento delle attività di gestione e di protezione delle informazioni e dei sistemi informatici?		
5. Sono identificate e rispettate le leggi e/o i regolamenti con rilevanza in tema di cyber-security che risultino applicabili per l'azienda?		
6. Tutti i dispositivi che lo consentono sono dotati di software di protezione (antivirus, antimalware, ecc...) regolarmente aggiornato?		
7. Le password sono diverse per ogni account, della complessità adeguata? E' valutato l'utilizzo dei sistemi di autenticazione più sicuri offerti dal provider del servizio (es. autenticazione a due fattori)?		
8. Il personale autorizzato all'accesso, remoto o locale, ai servizi informatici dispone di utenze personali non condivise con altri?		
9. L'accesso è opportunamente protetto e i vecchi account non più utilizzati sono disattivati?		
10. Ogni utente può accedere solo alle informazioni e ai sistemi di cui necessita e/o di sua competenza?		
11. Il personale è adeguatamente sensibilizzato e formato sui rischi dicyber-security e sulle pratiche da adottare per l'impiego sicuro degli strumenti aziendali (es. riconoscere allegati e-mail, utilizzare solo software autorizzato ecc.) ?		
12. I vertici aziendali hanno cura di predisporre per tutto il personale aziendale la formazione necessaria a fornire almeno le notizie basilari di sicurezza?		
13. La configurazione iniziale di tutti i sistemi e dispositivi è svolta da personale esperto, responsabile per la configurazione sicura degli stessi?		

CONCLUSIONI

Ancora grazie a tutti coloro che hanno letto "Il GDPR è un gioco da ragazzi", spero davvero che la lettura sia stata utile e interessante.

Il lavoro non è concluso, il progetto è di aggiornarlo e integrarlo periodicamente in accordo alle novità che sicuramente interverranno nel tempo.

Proprio in questi giorni il Consiglio dei Ministri, nella seduta dell'8 agosto 2018, ha approvato il sospirato Decreto di adeguamento del "Codice della Privacy" al Regolamento UE n. 679/2016.

Dopo l'esame di una Commissione appositamente costituita, il Governo ha deciso, al fine di semplificare l'applicazione della norma, di agire novellando il "Codice della Privacy" esistente, nonostante il Regolamento abbia di fatto, come abbiamo visto, cambiato la prospettiva dell'approccio alla tutela della privacy rispetto al "Codice", introducendo numerose innovazioni tra cui il principio dell'accountability.

Si è scelto di garantire la continuità facendo salvi per un periodo transitorio i provvedimenti del Garante e le autorizzazioni, che saranno oggetto di successivo riesame, nonché i Codici deontologici vigenti. Essi restano fermi nell'attuale configurazione nelle materie di competenza degli Stati membri, mentre possono essere riassunti e modificati su iniziativa delle categorie interessate quali Codici di settore. In considerazione delle esigenze di semplificazione delle micro, piccole e medie imprese, si è previsto che il Garante promuova modalità semplificate di adempimento degli obblighi del titolare del trattamento.

Grazie ancora e a presto!